GTEC®

SPEAKING
&WRITING

Type-

Advanced

守屋佑真

河合塾講師

WRITTEN BY
YUMA MORIYA

２週間でスピーキング・ライティングの力が面白いほど身につく本

KADOKAWA

はじめに

　大学入試が変化していく中で民間資格試験の位置づけにも変化が起きてきました。一連の様々なプロセスや議論について、英語教育に関わる端くれとして思うところがないわけではありませんが、ここでは深く立ち入りません。ただ、大学入試という人生の大きな出来事を迎えるにあたって、高校生は民間資格試験 "も"、少なくとも "とりあえずは" やっておかなくてはならない、という状況になっています。普段の学習、定期テスト、模擬試験、部活、推薦入試、一般入試…既に盛沢山な高校生の生活に新たに民間資格試験が加わったのです。

　そうした状況に置かれた高校生を見ているうちに、彼らが「学校の勉強」と「受験の勉強」と「受検の勉強」をバラバラにとらえていることに気がつきました。本書の目的はこの3つをつなぐことにあります。

　民間資格試験も「英語の試験」である以上、そこには「学校での英語学習」や「大学入試に向けた学習」にプラスになる部分が必ず存在しています。ただ、各資格試験の出題形式に目を奪われ、そうした「共通項」が見えにくくなってしまっているだけなのです。

この問題が解けるようになるためにはどのようなことを意識して普段の学習をしておくべきなのか。

　この問題が解けるようになることは大学入試でどのように役立つのか。

**「資格試験の勉強」をするのではなく
「資格試験で勉強」をするというのが本書のコンセプトです。**

　もちろんその過程で資格試験でも良い結果が出なければ意味がありません。各問題の特徴やスコアアップのポイントは妥協なく網羅しています。ただ、「全てがつながっている」というだけなのです。

　「なりたい自分」に向けて、とりまく全ての学びが君をそこまで押し上げてくれるように、その助けとなるように、本書は作られています。まずは14日間、この本とともに走ってみてください。

守屋佑真　MORIYA YUMA

もくじ

Speaking ／ 攻略法

Speaking ／ 徹底トレーニング

🔊 音声ダウンロードについて

音声ファイルは、以下からダウンロードして聴くことができます。

https://www.kadokawa.co.jp/product/321907000260

ID：gtec807　　パスワード：advanced

- 上記ウェブサイトには、パソコンからアクセスしてください。音声ファイルは、携帯電話、スマートフォン、タブレット端末などからはダウンロードできないのでご注意ください。
- スマートフォンに対応した再生方法もご用意しています。詳細は上記 URL へアクセスの上、ご確認ください。
- 音声ファイルは MP3 形式です。パソコンに保存して、パソコンで再生するか、携帯音楽プレーヤーに取り込んでご使用ください。また、再生方法などについては、各メーカーのオフィシャルサイトなどをご参照ください。
- 本サービスは、予告なく終了する場合があります。あらかじめご留意ください。

Writing / 攻略法

Writing / 徹底トレーニング

Writing & Speaking / 模擬テスト

Contents

Speaking の
問題について

Speaking は実際の「GTEC」で
も Advanced と Basic は同じ
問題です。そのため、本書で
もシリーズの Type-Advanced
と Type-Basic は同様の問題
を用いています。しかし、解
説はそれぞれのレベルに応じ
た内容となります。

STAFF

アートディレクション　　北田進吾
カバーデザイン　　　　　北田進吾,
　　　　　　　　　　　　畠中脩大（キタダデザイン）
本文デザイン　　　　　　堀 由佳里
本文イラスト　　　　　　笹森デザイン
音声収録　　　　　　　　英語教育協議会（ELEC）
音声出演　　　　　　　　Howard Colefield,
　　　　　　　　　　　　Karen Haedrich,
　　　　　　　　　　　　水月優希

本書の特長と使い方

特長

① **14 日間でスピーキングと ライティングの基礎が身につきます。**

14 日間で一通り基礎力が身につく内容になっています。毎日計画的に取り組みましょう。

② **本番さながらの音声で演習できます。**

本書には音声ダウンロードが付いています。音声を何度も聞いて、音に慣れ親しみましょう。スピーキングだけでなく、リスニング力向上にも役立ちます。

③ **4 回分の問題で演習量を確保できます。**

「GTEC」のスピーキング・ライティングの計 4 回分のオリジナル問題でしっかり演習できます。

使い方

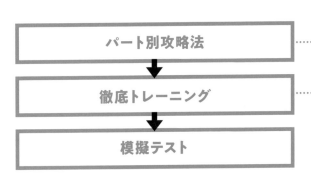

```
パート別攻略法
   ↓
徹底トレーニング
   ↓
模擬テスト
```

スピーキング・ライティングそれぞれ「パート別攻略法」と「徹底トレーニング」にわかれています。まずは攻略法を理解し、そのあとトレーニング問題で演習しましょう。攻略法をマスターし、トレーニングを終えたら、最後に「模擬テスト」にチャレンジしてみましょう。

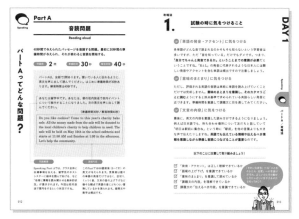

パート別攻略法

パートごとにスコアアップに必要なポイントや、今すぐに取り入れられるアドバイスを解説しています。しっかり理解して、例題に取り組んでみましょう。

徹底トレーニング

攻略法を理解したら、次はトレーニングです。はじめに自分で一度問題を解き、解説を読んで、考え方や解答内容が正しいか、確認しましょう。トレーニング問題で難しいと感じたら、攻略法に戻って復習しましょう。確実に理解を深めて、トレーニング問題に再チャレンジです。

GTEC®について

- 「GTEC」は「リーディング（読む）」「リスニング（聞く）」「ライティング（書く）」「スピーキング（話す）」の4技能の力を計測する検定試験です。大学入試でもスコア活用が進められています。
- 「GTEC」は「アセスメント版」「検定版」「CBT」の3タイプがあります。

	アセスメント版	検定版	CBTタイプ
実施期間	4月〜9月のうち1回、10月〜3月のうち1回	6月、7月、8月、10月、12月の決められた検定日	7月、11月、3月の決められた検定日
実施回数	年間で2回	年間で5回	年間で3回
申込期間	回によって異なる	回によって異なる	回によって異なる
受検可能な問題タイプ	● Advanced ● Basic ● Core	● Advanced タイプは5回すべてで受検可能 ● Basic タイプは年2回受検可能 ● Core は年1回受検可能	● CBT
受検可能な学年	中1〜高3	中1〜高3 ※10月実施の回は高3生のみ実施予定となります。	受検制限なし
測定可能な技能	4技能、3技能	4技能	4技能
申込方法	所属する学校経由	所属する学校経由	個人申込　WEB上の「マイページ」で申込
受検会場	学校	学校	全国の公開会場
備考		返却時にオフィシャルスコア証明書がもらえます。	返却時にオフィシャルスコア証明書がもらえます。

※本書では2020年7月時点での情報を掲載しています。
※「GTEC」の最新の情報は公式ホームページ（https://www.benesse.co.jp/gtec/）をご覧ください。

問題タイプ

問題タイプは Advanced、Basic、Core、CBT があり、英語の習得状況に合わせて選んで受検することができます。（スピーキングでは Advanced と Basic は同内容の出題となります。）

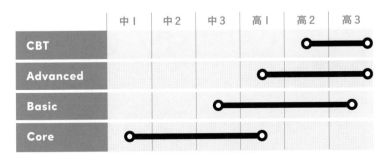

いずれの問題タイプを受検したとしても同じ評価軸でスコアが算出されます。各問題タイプの上限スコアとそのタイプにおける CEFR（ヨーロッパ言語共通参照枠）の対応は以下のようになっています。

	Advanced	Basic	Core	CBT
スコア	270~1280	270~1080	270~840	270~1400
CEFR	A1~B2	A1~B1	A1~A2	A1~C1

実施形式

「GTEC」の Advanced タイプでは、以下の形式で出題されます。

	Reading リーディング	Listening リスニング	Writing ライティング	Speaking スピーキング
試験時間	約 45 分	約 25 分	約 25 分	約 25 分
問題数	43 問	40 問	2 問	8 問
解答形式	マーク式	マーク式	記述式	タブレットに録音する形式

問題構成

Advanced タイプでは以下の内容が出題されます。

	Reading リーディング	Listening リスニング	Writing ライティング	Speaking スピーキング
Part A	**短文文脈理解問題**（14問） ● 短い英文の中で空欄に当てはまる正しい語句を選択する問題。 ● 単なる暗記ではなく、文の中でその単語がどのようにもちいられているかが問われます。	**写真・イラスト説明問題**（10問） ● 聞いた音声の内容と問題冊子の視覚情報と合わせて判断する問題。	**Eメール問題**（1問） ● メールを読み、その中の2つの質問に対する返信を書く問題。 ● 質問に対応するかたちでイラストが2枚示されています。	**音読問題**（2問） ● 短いパッセージを音読する問題。 ● 準備時間は30秒、解答時間は40秒です。
Part B	**情報検索・概要把握問題**（14問） ● 短いパッセージの要旨として正しいものを選択する問題。 ● チラシ、ウェブサイト等多様な素材の中で情報を瞬時につかむ力が問われます。	**会話応答問題**（10問） ● 質問文への答えとして適切な選択肢を選ぶ問題。 ● 問題用紙にはなにも記載されておらず、全て音声を聞き取って判断する必要があります。	**意見展開問題**（1問） ● 問題冊子に日本語で書かれたテーマについて、自分自身の意見を書く問題。 ● 参考となるイラストが2枚示されています。	**質問を聞いて応答する問題**（4問） ● チラシ、ポスター、ウェブサイト等の視覚情報をもとに、音声を聞いて質問に答える問題。 ● 1つのイラストに対して質問は2つとなります。 ● 準備時間は10秒、解答時間は15秒です。
Part C	**要点整理問題**（15問） ● 長文を読み、内容や要旨として正しいものを選択する問題。	**課題解決問題**（10問） ● 放送される状況や会話の内容と問題冊子の視覚情報をあわせて判断する問題。		**ストーリーを英語で話す問題**（1問） ● 4コマイラストのストーリーを話す問題。 ● 準備時間は30秒、解答時間は1分です。
Part D		**要点理解問題**（10問） ● 会話文やモノローグを聞き、その内容についての問いの答えとして正しいものを選択する問題。 ● 問題と選択肢は問題冊子にかかれています。		**意見陳述問題**（1問） ● 英語で書かれたあるテーマについて自分の考えとその理由を述べる問題。 ● 準備時間、解答時間はそれぞれ1分です。

DAY 1
Speaking
Part

攻略法

Part A

音読問題

Reading aloud

パートＡってどんな問題？

40秒間で与えられたパッセージを音読する問題。最初に30秒間の準備時間が与えられ、それが終わると音読を開始する。

問題数 **2** 問　　準備時間 **30** 秒　　解答時間 **40** 秒

> パートAは、全部で2問あります。聞いている人に伝わるように、英文を声に出して読んでください。はじめに準備時間が30秒あります。解答時間は40秒です。

あなたは留学中です。あなたは、朝の校内放送で校内イベントについて案内することになりました。次の英文を声に出して読んでください。

（準備時間30秒／解答時間40秒）

Do you like cookies? Come to this year's charity bake sale. All the money made from the sale will be donated to the local children's charity to help children in need. The sale will be held on May 15th in the school cafeteria and starts at 11:30 AM and finishes at 1:30 in the afternoon. Let's help the community.

問題概要

Speaking Part Aでは、クラス全体に伝達事項を伝える、留学先のホストシスターに絵本を読んであげる、など「他者に情報を読み聞かせる具体的状況」が提示されます。今回は校内放送で案内をするという状況ですね。

課題内容

このPartでは60語前後（5〜7文）の英文が与えられます。受検者は個々の単語の発音だけではなく、区切り、くっつく音、文末の音の上げ下げなど様々な観点で英語の音にどれくらい習熟しているかを測られます。疑問文や数字は頻出です。

1. 試験の時に気をつけること

☞「単語の発音・アクセント」に気をつける

各単語がどんな音で読まれるのかそもそも知らないという学習者は多いですが、ただ「音を知っている」だけでもダメです。つまり、**「自分でちゃんと発音できるか」ということまでの意識が必要**だということですね。「RとL」の発音に代表されるような日本人には難しい発音やアクセントを含む単語は頻出ですので注意しましょう。

☞「意味のまとまり」に気をつける

ただし、評価される英語の音読は単純に単語を読み上げていくことだけでは完成しません。**意味のまとまりを意識し、そのカタマリごとに読む**ようにすると採点基準で求められている英語らしい発音に近づきます。準備時間ではそうした意識ももって課題文に目を通してみてください。

☞「文章の内容」に気をつける

最後に、英文の内容を意識した読み方ができるようになりましょう。例えば日本語でも、待ち合わせ場所について友だちと話していて「明日は駅前に集合ね」という時に「駅前」を他の言葉よりも大きな声で伝えたりしますね。**英語でも伝えている情報や伝えるべき情報を意識しながら準備し音読につなげることが重要**なのです。

以下のことに注意して取り組みましょう！

- ☑ 「発音・アクセント」は正しく理解できているか
- ☑ 「語尾の上げ下げ」を意識できているか
- ☑ 「意味のまとまり」を意識して読めているか
- ☑ 「課題文の内容」を理解できているか
- ☑ 課題文の「伝えるべき内容」を意識できているか

「きれいな発音」には「口と舌のかたち・位置」への意識が不可欠。正しい口と舌の動かし方から正しい音が出るのだと知っておこう。

スコアアップの必須 POINT

☞「発音」と「口と舌のかたち・位置」

ここではいくつかの例を取り上げ、「口と舌のかたち・位置」が発音とどのように関わるかを意識してもらいたいと思います。以下を読みながら実際に口と舌を説明通りに動かし、音を出してみましょう。

発音学習で代表的なものは【rとl】ですが、Advancedレベルではそれはクリアできているものとして、「日本語の"サ行"だと思ったら違う音」と「英語で同じ"th"だと思ったら違う音」から確認しましょう。

① [s]と[θ]と[ð]

口と舌のかたち・位置

[s] ： 上下の歯を近づけて歯の隙間から「すー」と息を出す（口はすぼめない）。その際舌先の上を息が通り涼しく感じていれば正しく発音できている。その息の終わりに「い」を加えると正しい [s] の音、日本語で書くと「スィ」の音になる。

[θ] ： 上下の歯を近づけて [s] の口のかたちに。その状態で息が抜けていた上下の歯の間に舌先で栓をするようにする（上下の歯の間から舌先が少しだけ見える状態）。そこから無理矢理息を出す。音はあまり聞こえないのが正しい。

[ð] ： [θ] の口のかたちから息を抜くのではなく「うー」と音を出す。[θ] の音が濁って出てきていれば正解。

Try! 👄 発音してみましょう。　　　　　　　　　　　　🔊 **Track: 01**

[s]: sink / sale / second / single / sea
[θ]: think / health / something / bath / birthday
[ð]: this / the / with / brother / other

② schwa

次は【schwa】について触れておきましょう。まず【schwa】は「シュワ」と読みます。アクセントはwaの方に付きますので「シュワ」という感じの発音になります。さて、このschwaですが、別名を**「あいまい母音」**といいます。**発音記号でいうと**[ə]です。英語の発音を学ぶ上でこの音を無視するわけにはいかないというほど重要な音なのです。ここではこの音について単語レベルと文レベルの両方から学んでみたいと思います。

そもそもこのschwa、どんな音かというと、**日本語の「あ・い・う・え・お」のどの音にもならない弱い脱力した「う」と「あ」の中間の音**です。ちょっと分かりにくいですね。**口に力が入っておらず、大きく開いてもいない状態で出す「…ゥ」や「…ァ」に近い音**ですね。このschwa、英語を話しているとものすごくたくさん発音することになります。それは**単語中の"a/i/u/e/o"の母音でアクセントが置かれていないものはschwaになることが非常に多いから**です。皆さんが「ネイティブスピーカーみたい！」と感じる英語の発音のポイントはこのschwaをしっかりとマスターできているかどうかに大きくかかわっているのです。では、まず発音を聞き、その後で単語レベルでschwaを発音してみましょう。下線が付いているところがschwaの発音です。

Try! 発音してみましょう。　　　　　　　　🔊 Track: 02
① 音を確認：　[ə]
② 単語レベルで発音：private / orange / pencil / tennis / success / supply / the / summer / common / doctor

どうでしょうか。各母音でschwaが登場していることに気づいてもらえたでしょうか。これでようやく「ペンシル！」とどれだけ言っても「オーレンジ！」とどれだけ元気よく言っても英語らしい発音にならなかった理由が分かったのではないでしょうか。学習者は英語のポイントはアクセント、つまり強さだ！とだけ考えてしまいがちですが、実は同じくらいに**弱さも重要**だったのです。

では、最後に文レベルでschwaを意識してみましょう。口が楽をする意識を持ちながら、でも、しっかりとschwaを発音してください。では、いきます。

Try! 発音してみましょう。　　　　　　　　　　　　🔊 Track: 03

③文レベルで発音：The doctor is unhappy about the information on the Internet.

どうだったでしょうか。発音は「筋トレ」に似ています。**まずは単語レベルで、慣れたら文レベルで、音や発音記号を意識する習慣をつけ、様々な発音ができるように自分の口と舌を「しつけて」ください。**うまく発音できないのは「そういう風に口を動かしたことがないから」なだけで「英語ができないから」ではないのです。

👉「意味のまとまり」と英語の音読のリズム

さらに一歩進めて「単語」よりも大きな単位での「発音」に少しだけ触れておきます。

Listen 次の2つの音声を聞いてみてください。　🔊 Track: 04　🔊 Track: 05

🔊 Track: 04 は一語ずつ等間隔に読んだものです。英語らしくないだけでなく、とても聞きにくいことにも気づくのではないでしょうか。文字にすると以下のようになっています。

All / the / money / made / from / the / sale / will / be / donated / to / the / local / children's / charity / to / help / children / in / need. //

🔊 Track: 05 は何が違うのでしょう。こちらは「意味のまとまり」にあわせ一気に読む範囲がしっかりと区別されているのです。以下のような感じです。

All the money made from the sale / will be donated to the local children's charity / to help children in need. //

このように**英文を音読する際には意味のまとまりごとに緩急をつけるような意識を**しましょう。この意識があるだけでより英語らしく英文を読むことができるようになり、スコアアップにつながります。

攻略法 3. イマスグ POINT・コレカラ POINT

イマスグ ▶ 単語学習は「音」とセットで！

かつては、例えば"baseball"を「バセバ11」と覚えるような暗記法がたくさんありましたが、今はそれではダメなのだと知っておきましょう。単語帳に付いている音声を活用したり、電子辞書でも発音を確認したりして「読み方を知らない単語を覚えている」状態がないようにしましょう。

イマスグ ▶ リーディングの学習でも音声を使おう！

読解の復習として音読をすすめられることもあると思います。その際にただ「自分なりに」英文を音読するのではなく、音源なども活用して音読しましょう。前述の通り英語は「意味のまとまり」でリズムがありますから、音声を大事にすると英文を読解する際の情報の読み取り方もスムーズになって読解力も向上しますよ。

コレカラ ▶ 「読む」のレベルアップは「聞く」のレベルアップにつながる！

リスニング学習上の鉄則に **「言えない音は聞けない」** というものがあります。英語を英語らしい「音」で「読める」ことは実はリスニングができるようになるかどうかにも関わっているんです。現在の大学入試ではリスニングもリーディングと同じくらい重視されています。音を大切にした音読を英語学習に組み込むことは大学入試に直結するのだ、という意識をもって取り組めるといいですね。

Speaking

パートA／攻略法

次のページの
例題にTRY！

例題にトライ！

Question　🔊 Track: 06

あなたは留学中です。あなたは、朝の校内放送で校内イベントについて案内することになりました。次の英文を声に出して読んでください。

（準備時間30秒／解答時間40秒）

Do you like cookies? Come to this year's charity bake sale. All the money made from the sale will be donated to the local children's charity to help children in need. The sale will be held on May 15th in the school cafeteria and starts at 11:30 AM and finishes at 1:30 in the afternoon. Let's help the community.

CHECK!

以下のことに注意して取り組みましょう！

- ☐ 「発音・アクセント」は正しく理解できているか
- ☐ 「語尾の上げ下げ」を意識できているか
- ☐ 「意味のまとまり」を意識して読めているか
- ☐ 「課題文の内容」を理解できているか
- ☐ 課題文の「伝えるべき内容」を意識できているか

☞ 例題の解説

さぁ、できたでしょうか。いざ時間を計るとうまくいかなかったという人もいると思います。**テストにとって「制限時間」はとても重要な構成要素です。**言い換えれば、「制限時間」を抜きにテストの問題の難易度は語れない、ということです。GTECは特に、この「時間」による難度アップが行われる試験ですから、ハイスコアを目指すのであれば「時間」に対する意識もしっかりと持ちましょう。くれぐれも「練習でまだ慣れていないので時間は計っていません！」なんていうことがないように。

では、ここからは今回特に大切なチェックポイントを取り上げ、確認していきましょう。

☑ 「発音・アクセント」は正しく理解できているか

今回の課題文で特に気をつけたい語句は以下の通りです。

音声とともにポイントも確認しましょう。　◀)) **Track: 07**

	Point
charity	「チャリティー」とカタカナ英語にならないようにrを意識しましょう。
bake	発音記号は [béɪk] です。「バケ」なんて読まないように。
donate	発音記号は [dóʊneɪt（米国英語）/ dəʊnéɪt（英国英語）] です。米国と英国でアクセント位置が異なることにも注目。どちらで発音しても大丈夫です。
May 15th	"-th"を発音することを忘れずに。
11:30 AM	時間の表現は頻出です。しっかりと発音できるように。
1:30 in the afternoon	"... in the afternoon"までを一息で読む意識を。

☑ 「語尾の上げ下げ」を意識できているか

今回の課題文で必ず語尾を上げなくてはならないのは、

Do you like cookies? ↑

の疑問文による1文のみですね。この1文をしっかりと意識できていればここでは大丈夫です。

語尾を上げるか下げるか、というのは場面場面で異なることもあるのですが、基本的には**「相手がYES/NOで回答できるもの」である疑問文**（Do ... ? やCan ... ? ）は語尾が上がります。これに対し、そうではない疑問文、つまり**「疑問詞ではじまる」疑問文は語尾が下がる**、と覚えておくとよいと思います。

☑ 「意味のまとまり」を意識して読めているか

今回特に取り上げたいのは以下の1文です。

All the money made from the sale will be donated to the local children's charity to help children in need.

この文はどこで区切れるのかが分かりにくいですね。分かりにくさの原因は"made from ..."の部分がどういった働きをしているのかが判断しにくいところにあります。ではどうすれば良いでしょうか。今回の文を準備時間に一読した際に"will be donated"という部分が目に入ったはずです。"will"や"can"といった語は「助動詞」と呼ばれますが、**文中に助動詞とセットになっている動詞がある場合にはその動詞がV**、つまり文の本動詞である、と考えられます。すると、今回の文は、

All the money (made from the sale) <u>**will be donated**</u> (to the local
　　　　S　　　　　　　　　　　　　　　　　　　　　　　V
children's charity) (to help children in need).

という構造を持っていることが分かります。そうすると"made from ..."の部分は本動詞ではなく"All the money"に対する過去分詞

による修飾であると考えられますから、**"All the money ... the sale"までは「意味のまとまり」としてまとめて読んでしまった方がよい**、ということになります。そのため今回は、

All the money made from the sale / will be donated (/) to the local children's charity / to help children in need. //

くらいの区切りで読めると良いですね。なお、"will be donated"には "to the local children's charity"という「寄付先」の情報がすぐに提供された方が分かりやすいのでこの2つの情報はまとめて読む方が自然です。このように**正しい区切りで読む時には文法的な理解も重要になる**ことがあります。くれぐれも文法もおろそかにしないようにしてくださいね。

☑️ 課題文の「伝えるべき内容」を意識できているか

ここで取り上げるのは以下の文です。この文でよりハッキリと伝えるべき情報はどれでしょうか。

Try! 😮 以下の文に下線を引いてみてください。

The sale will be held on May 15th in the school cafeteria and starts at 11:30 AM and finishes at 1:30 in the afternoon.

今回は校内イベントの案内なのですから**「いつ」「どこで」**そのイベントが催されるかが明確に伝わらなくてはいけませんね。ですから、

The sale will be held on <u>May 15th</u> in <u>the school cafeteria</u> and starts at <u>11:30 AM</u> and finishes at <u>1:30 in the afternoon</u>.

上記の下線をつけた情報は他の部分よりも**「やや大きくゆったりと」読むべき**です。視覚的に分かりやすくすると、以下のようになります。実際に大きな文字をやや大きくゆったりと読んでみましょう。

The sale will be held on **May 15th** in **the school cafeteria** and starts at **11:30 AM** and finishes at **1:30 in the afternoon**.

どうでしょうか。伝えるべき内容を意識することで英文にメリハリ

がつき、より高評価を受けやすい音読になります。しっかりと取り組んでみてください。

👉 解答例

Do you like cookies? Come to this year's charity bake sale. All the money made from the sale will be donated to the local children's charity to help children in need. The sale will be held on May 15th in the school cafeteria and starts at 11:30 (eleven thirty) AM and finishes at 1:30 (one thirty) in the afternoon. Let's help the community.

🔽 日本語訳

クッキーは好きですか？今年のチャリティーバザーにお越しください。このバザーの売上は全て困っている子どもたちを支援するために地元の慈善団体に寄付されます。バザーは学校の食堂で、5月15日の午前11時30分から始まり、午後1時30分に終了します。地域の皆さんを助けましょう。

Speaking

パートAまとめ

● Part Aでは単語レベル、文レベル、文章レベルで「英語らしい音」となっているかどうかが評価項目となっている。このDAY1で見てきた観点（「発音・アクセント・イントネーション」と呼ぶ）をしっかりと押さえた音読がハイスコアの鍵。

● そのために準備時間と解答時間の「制限時間」の中でどのようなことをするべきか、が重要。常に「時間」を意識してトレーニングを積むことは試験対策には不可欠だということを忘れないこと。

DAY 2
Speaking
Part

攻略法

Part B

質問応答問題

Listening and Responding

10秒間で、表示されている画像を読み取り、その後放送される質問に対して15秒間で回答する問題。

問題数 **4** 問　準備時間 **10** 秒　解答時間 **15** 秒

パートBは、全部で4問あります。与えられた情報をもとに、質問に対して英語で答えてください。はじめに準備時間が10秒あり、そのあと質問が始まります。解答時間はそれぞれ15秒です。

あなたは留学中です。あなたは授業で配布されたイベントのポスターを見ています。クラスメートからの質問に対して、以下のポスターをもとに、英語で答えてください。

（準備時間10秒／解答時間15秒）

パ
ー
ト
B
っ
て
ど
ん
な
問
題
？

問題概要

Speaking Part Bでは、広告やスケジュール、地図など「図表から情報を読み取る必要がある具体的状況」が提示されます。今回の課題はスポーツイベントの案内ポスターです。

課題内容

まず様々なタイプの図表が与えられ、受検者は10秒の準備時間のあと、音声のみで流れる質問を聞き取り、回答します。素早く情報の把握をする問題という点だけではなく、「読み、聞き取り、話す」ことが求められる複合型問題である、という点を意識しましょう。

試験の時に気をつけること

☞「図表の性質にあわせた内容の読み取り」に気をつける

まず、図表から情報を読み取る際には、通常の英文の読み方とは異なる意識を持たなくてはいけないということを知っておいてください。①何を伝えようとする図表なのか、その「性質」を大まかに把握し、②次にその性質にあわせて細かなポイントを押さえていくという順番が重要です。最初から細かいことを見ようとすると時間が足りなくなりますよ。

☞「質問の聞き取り」に気をつける

このパートでは課題となる図表1つにつき、把握した内容に基づいた2つの質問に答えます。「読み取り」のあと「聞き取り→答える」を2回連続で行う準備をしましょう。質問を聞き取る際には、【1】どんな語句で質問が始まったか（疑問詞など）、【2】どんな語句で質問が終わったか（日付による限定など）、【3】どんな動詞が使われていたか、の3点が重要です。重要度もこの順番と言えますので、問いのはじめから集中して質問の聞き取りに入る必要があります。

☞「回答の仕方」に気をつける

回答する際には、まずは「単語でもいいから答える」ことが大切です。スピーキングの試験なのですから無回答では評価の対象がないことになり、得点のつけようがなくなります。ただし、**ハイスコアを狙う場合には「フルセンテンスでの回答」が必要**です。フルセンテンスとはしっかりとした1文で答えること。主語（S）と述語動詞（V）を使った文で回答できるようにしましょう。

以下のことに注意して取り組みましょう！

- ☑ 「図表の性質」を把握できているか
- ☑ 「図表の提示している情報」を把握できているか
- ☑ 「質問の出だし、終わり、動詞」を聞き取れたか
- ☑ まずは「単語で」答えを言えたか
- ☑ 一歩進んで「その単語を含んだ文で」回答できたか

「しっかりとした1文で答える」には「決まった表現が口をついて出てくる」ことが必要です。せっかくですから目指すはそこです！

2. スコアアップの必須 POINT

☞ 図表の「読み方」

では、スコアアップのポイントを確認していきましょう。先ほども少し触れたことですが、このパートが苦手だという人は、**こういった図表の読み方が分かっていない**、ということが多いのです。Advancedレベルの人はまずこの点に意識を向けて欲しいと思います。

そもそもこうした図表は難しい言葉で**「非連続型テキスト」**と呼ばれます。ここでの「テキスト」とは「文字による情報」くらいの意味だと思ってくれればいいです。一方、非連続ではないものは**「連続型テキスト」**と呼ばれます。連続型テキストは文と段落の組み合わせでできている情報のことです。つまり、前に述べた情報と後に述べる情報に論理的な連続性があるということですね。こういった**連続型テキストの場合には「アタマからしっかりと読む」ことが重要**なわけです。

ところが非連続型テキストはそうはできていません。どこにどの情報が述べられているかには「論理の連続性」があまり見られません（多少はもちろんあります）。つまり、**アタマからしっかりと読むような方法でこのタイプの情報に取り組もうとすることは誤り**だということです。そもそも求められている「読み方」が異なるのだと知っておいてください。

さて、それではどういった「読み方」が必要なのでしょうか。今回の例題のポスターをもう一度見てみましょう。

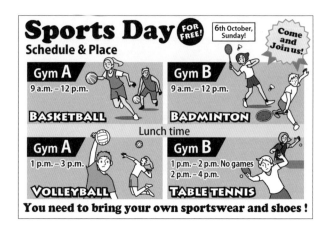

皆さんはどういった順番で情報を読み取ったでしょうか。まず最も重要なことですが、こうした**ポスターや図表は「パッと見て読んだ人が必要な情報を得られる」**点が、文章よりも優れているわけです。つまり、「情報の大枠をつかむ」ことや「情報の配置を把握する」ことがまず何よりも大切で、そうしたことが容易になるようにある種の「工夫」がしてあるものだと認識しておくと良いでしょう。以上を前提に意識を向けるべき情報を確認しましょう。

① 「見出し」や「タイトル」

まず一番大きな文字で目立つように書いてある情報なわけですから無視するわけにはいきませんね。その下の"Schedule & Place"の文字も見て、「時間と場所について書いてあるんだなー」と大まかに把握できるとよいでしょう。

② 「より細かな情報」

ここで気をつけなくてはいけないことは、細かい情報を「読み込まない」ことです。今回であれば「競技名とスケジュールが書かれているな」という認識をする程度にとどめましょう。

③ 「例外事項」や「必須事項」

「○○である。ただし、△△である。」という「ただし書き」が重要であることは容易に想像がつくと思います。今回であればGym Bの"No games"と、一番下に目立つように書いてある持ちものに関する記述には意識を向けておきましょう。

どうだったでしょうか。図表問題のある種の「アバウトさ」に対す

る理解は深まったのではないかと思います。日本語でも、**教科書を
読んでいるとき、雑誌を読んでいるとき、マンガを読んでいるとき、
それぞれに私たちは「読み方」を変えています**。それは英語でも同
じなのだと知っておいてください。

☞「単語」以上での答え方

質問に対する答え方は「まずは単語で、できれば文で」というのが
基本です。ただ、単語のみでの回答は比較的容易にできても、「ち
ゃんとした文で答えよう」となると難しいと感じる人も多いかもし
れませんね。

ここで重要なのは「私たちは母語でも"定型表現"の組み合わせでや
りとりしていることが多い」という点に気づくことです。ピンとこ
ない人は普段スマホの予測変換をどれだけ使っているか考えてみて
ください。会話も同じなのです。つまり、**「瞬間的に口から出てく
る定型表現」と「質問にあわせたオリジナルの表現」の組み合わせ
で話す意識**が、単語以上での答え方には必要なのです。よく使う
「定型表現」については例題の解説パートでより詳しく扱うことに
しましょう。

攻略法

3. イマスグ POINT・コレカラ POINT

「覚える」ための「工夫」をしよう！

「定型表現」と言われて、「暗記は苦手」と思った人は多いと思いますが、「苦手」というわりにほとんどの人が「対策」していません。**言語学習に一定程度の暗記は必須**です。諦めて「覚えるための工夫」をしましょう。覚えるために重要なのは**「様々なインプット方法で一定の間隔をあけて繰り返すこと」**です。書くだけでなく聞く、聞くだけでなく声に出して読む、など様々なかたちで頭に情報をインプットし、1週間後にもう1度、1ヶ月後にもう1度、という感じで少し時間をおいて繰り返すようにしましょう。定型表現ならば「口から瞬間的に出てくるようになるまで」繰り返しましょうね。「苦手」を放置するとできるようにはなりませんよ。

題材にあわせた「読み方」を意識しよう！

今回分かったように、読む情報媒体によって「読み方」は変わることがあります。物語文や論説文などある特定の英文が読みにくいと感じる場合、読み方が違っているということもあり得ます。そうした意識も持ってみると良いでしょう。ただし、こうした意識は単語や文法の学習をちゃんと進めている人に必要なものです。くれぐれも**「読み方だけ」でどうにかなる、なんて考えないように。**

図表の問題は入試でも頻出！

図表を含んだ問題は現在の大学入試でも頻出です。特にグラフを用いた問題は多くの人が一度は出合うことになります。そのグラフが何に関するグラフであるか、また、どういった情報を読み取るべきか等、このパートで学んだことも生かして、しっかりと素早く把握できるようにしておきましょう。

Part B

Speaking

例題にトライ！

Question

🔊 Track: 09

あなたは留学中です。あなたは授業で配布されたイベントのポスターを見ています。クラスメートからの質問に対して、以下のポスターをもとに、英語で答えてください。

（準備時間10秒／解答時間15秒）

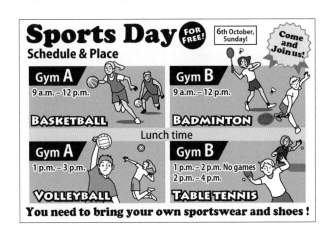

CHECK!

以下のことに注意して取り組みましょう！

☐ 「図表の性質」を把握できているか

☐ 「図表の提示している情報」を把握できているか

☐ 「質問の出だし、終わり、動詞」を聞き取れたか

☐ まずは「単語で」答えを言えたか

☐ 一歩進んで「その単語を含んだ文で」回答できたか

👉 例題の解説

さぁ、解説に入りましょう。繰り返しになりますが、一度見ている問題だからといって「実際にやってみる」ことを怠らないようにしてくださいね。

では、ここからは前回同様、特に大切なチェックポイントを取り上げ、確認していきましょう。

☑ 「図表の性質」／「図表の提示している情報」を把握できているか

今回課題となっているのはスポーツイベントのポスターです。また大きく書かれた"Sports Day"の見出しの下に小見出しとして"Schedule & Place"と書いてあることから、このポスターは「各スポーツのスケジュールと場所」を示しているということが分かります。この点が押さえられていれば図表の「性質」と読み取るべき「情報」はしっかりと把握できていることになります。

おっと、なぜこんな当たり前のことを確認するのか不思議ですか？それは多くの学習者は「細かいところばかり気にする」傾向があるからです。例えば今回の課題を示された後、「イラストに描かれている男女は皆右利きですか？」というような質問はされません。そのような「些細なこと」は問う必要がないのです。図表の「性質」から導き出される読み取るべき「情報」はそのまま質問として問われる内容につながっていくのだと改めて意識しておいてください。ちなみに、どうやらバレーボールをしている女の子だけは左利きのようです。ほら、どうでもいい（笑）。

☑ 「質問の出だし、終わり、動詞」を聞き取れたか

ここではこうしたリスニングをする際の意識についての話をしつつの解説です。

Listen

まず今回の質問を2つ続けて聞いてみましょう。　　🔊 **Track: 10**

Part Bが図表から情報を抽出し答える問題である以上、「何を聞い

ているのか」が重要になるのは当然ですね。そのため、今回であれば、Q1の"When and where"やQ2の"What kind of sports"は聞き取れなくてはならない、ということになります。その意味で**「質問の出だし」はとても重要**です。多くの対策本にもそう書いてあるのではないでしょうか。この後述べますが、「文で回答する」ためにも出だしを聞き取ることはもちろん必要です。

ただし、ここで気をつけて欲しいのは、例えばQ1はその後の**"(the table) tennis"**が聞こえなければ回答はできない、ということです。つまり、出だしが聞けても「その後」が聞き取れなければ結局意味はない、というわけです。Q2でも**"in the morning"**が聞き取れなければ回答することができませんね。

何が言いたいのかというと、「重要なのは①質問の出だし、②終わり、③動詞」という言葉に惑わされて**「そこだけ聞ければいい」というような漠然とした甘えを持たないようにして欲しい**ということです。**結局1文レベルのリスニングはできるようにならなくてはいけない**のです。大学入学共通テストのリスニングでも「センテンス単位」でのリスニング力が求められます。「この部分だけでいい」というような考えにくれぐれもならないようにしてくださいね。**「全てが聞き取れる」ことを基本に「①質問の出だし、②終わり、③動詞」という優先順位で検討する**、ということが重要なのだと理解しておいてください。今回であれば、

Speaking

パートB／攻略法

Q1. ①**When and where** ③**will** ②**the table tennis be held?**
Q2. ①**What kind of sports** ③**can we play** ②**in the morning?**

という順番で記憶に残っていれば完璧です。

☑ 「単語で」／「その単語を含んだ文で」回答できたか

まず、今回の質問2つに最もシンプルな形で回答した場合どのようになるかを見てみましょう。なぜそうなるのかも簡単に確認してしまいますね。

Q1. When and where will the table tennis be held?
　— From 2 PM to 4 PM. Gym B.

🖐ポスターの右下の"TABLE TENNIS"の欄を見ると、行われる場所は"Gym B"であることが分かる。

Q2. What kind of sports can we play in the morning?
　— Basketball and badminton.

🖐ポスターの上半分が"in the morning(午前中)"に関する情報だと見抜く。よく見ると上段と下段の間に"Lunch time"とあるので、この情報が上から下に向かって時間軸で並べられていることも分かったら最高。その上で午前中には"BASKETBALL"と"BADMINTON"の2種目が記載されているのでそれを回答する。

ここまでは大丈夫でしょうか。では、「文で」の回答方法に進みます。**スコアアップの必須 POINT** の中でも少し触れましたが、文で答える際にはある程度「定型文」が口をついて出てくる必要があります。それも含めてここでは①疑問詞から導く「定型文」と②質問文から導く「定型文」の2つを確認しましょう。

① 疑問詞から導く「定型文」

あまり以下の表のようなものを「万能」だと思わないで欲しいですが、疑問詞が聞き取れれば以下のような「定型文」での回答が考えられます。

Point

When ...?	予定の開始や終了、または時間帯を聞く場合が多いため
	・It's ....
	・It starts at ....
	・It ends at ....
	・It starts from ... and goes to ....
	などが使える。
Where ...?	場所が聞かれているので、その場所にあわせて、
	・It's in(on/at) ....
	などが使える。

Who ...?	問われている人物の名前（呼び名）を補いながら、問われ方にあわせて、 ・○○ is (are). ・○○ does (do). などが使える。
What ...?	問われているのが「もの」である場合と「誰かの行為」である場合が多いので、 ・It ....（「もの」を答える場合） ・I (He/She) ....（「誰かの行為」を答える場合） などで英文を始める。また後述の②も参照。
Why ...?	理由を聞かれているので、 ・It's (That's) because .... ・Because .... などが使える。
How ...?	「どのように（手段）」や「どのくらい（程度・数量）」を問う場合が多いので、 ・By -ing ....（手段を答える場合） は使えると便利。また後述の②も参照。

今回のQ1は"When and where will the table tennis be held?"という問いでした。図表と照らし合わせると、「卓球の時間帯」と「実施場所（今回は体育館・ジムという「空間」）」を聞いていることが分かります。これに文で答えると、

In Gym B and it starts at 2 PM and goes to 4.

とすることが可能です。できたでしょうか。

② 質問文から導く「定型文」

さて、次です。これは本来的な意味での「定型文」とは異なるのですが、「質問が提供してくれた文の型にあわせて回答する」という意味では定型的な回答の仕方、ということになります。

そもそも疑問詞というのは**「英文中の不明な情報の代わりに置き換えて使うもの」**ですから、質問文中の使えるものは基本的にそのまま使い、疑問詞に置き換わっている部分を解答となるべき情報に変

更して回答すれば、自分で文を作る負担はかなり軽くできるのです。
「文で回答する」ことに取り組み始めたばかりのときには、この「オウム返し作戦」がまずは有効です。全く新しい文を自分で無理に生み出す必要はないのです。質問者が与えてくれた「型」は十分利用させてもらいましょう。

今回のQ2は"What kind of sports can we play in the morning?"という問いでした。この問いの主語と述語動詞などの「型」はそのまま利用させてもらって、

We can play basketball and badminton in the morning.

というように答えてしまえばよいです。
もちろん**いつかはここを超えて答えられるようになるべき**ですが、いきなりそうはなれません。**学習にはステップがある**のです。ひとつひとつ乗り越えていきましょう。

☞ 解答例

Answer 🔊 Track: 11

Q1. **When and where will the table tennis be held?**
　　—In Gym B and it starts at 2 PM and goes to 4.

Q2. **What kind of sports can we play in the morning?**
　　解答例①
　　—In the morning, there are basketball and badminton.
　　解答例②
　　—We can play basketball and badminton in the morning.

⬇ 日本語訳

Q1. 卓球はいつ、どこで行われますか？
　　—ジムBで行われ、午後2時に始まり4時におわります。

Q2. 午前中にはどんなスポーツができますか？
　　—午前中にはバスケットボールとバドミントンがあります。
　　—午前中にはバスケットボールとバドミントンができます。

Speaking

パートBまとめ

- Part Bでは「読む」「聞く」「話す」の3つの力が試されている。「話す」力以外の力もしっかりと使う意識を持つことが準備段階では重要。

- 短い時間の中で図表の性質にあわせて情報を読み取るには、テキストの性質にあわせた情報の抽出方法を学ぶ必要がある。

- 質問に対して文で答えるためには様々な「型」を身につけることが大切。

パートB／攻略法

Q & A

お悩みにお答えします！

Q 国語や英語で「テクニックを
使ってはいけない」と先生に言われます。
理由は何ですか？教えてください。

Answer

　別にテクニックを使うこと自体が悪いわけではないですよ。でも、先生が「テクニックを使うな」と言うことが多いのは、**多くの生徒が「それだけ」を追求してしまい、最終的に本質的な力をつけずに済まそうとすることが多いから**、加えて人気大学を受験する生徒はみんなそのくらいのことはできてしまうので、**入試そのものがテクニックのみでは解けないようになっているから**です。もちろん、試験であり、対策をしている以上、問題を解くにあたって有効なある種の技術があるのは当然です。もともと基礎力がある生徒がテクニックを身につけたことで得点力が飛躍的にあがることだってあります。とはいえ、やはり先生たちは「テクニック否定派」が多くなります。なぜでしょう。

　たとえば、**運動で技術面のみを教えてその技術を支える身体能力を高めておかないとどうなるか**、を考えると分かりやすいかもしれません。どうなりますか？そうですね、怪我をするでしょう。それ以前にその技術を使うことで、本来期待される効果を十分に発揮できないこともあるでしょう。そんなわけで、**大事なメッセージは「テクニックを使うな」ではなく、「テクニックだけでどうにかしようとするな」**です。**学習では自分に足りないものをしっかりと見つめて対策することが本当に重要**なのです。その足りないものがテクニックならば、それを学び、使うことは否定されるべきではありません。でも、その検討がしっかりとなされないままで「テクニックさえ使えば…」となるのは危険だ、ということです。

DAY 3
Speaking
Part

攻略法

Part C

ストーリーを英語で話す問題

Telling a story

パートCってどんな問題？

30秒間で与えられた4コマイラストの内容を読み取り、1分間でその概要を説明する問題。

問題数 **1** 問　準備時間 **30** 秒　解答時間 **1** 分

パートCは4コマイラストの問題です。以下に表示された1コマめから4コマめのすべてのイラストについて、ストーリーを英語で話してください。はじめに準備時間が30秒あります。解答時間は1分です。

あなたは、先日ある少年と少女が経験したことを、留学生の友だちに話すことになりました。相手に伝わるように英語で話してください。　　　　　　　　　　　（準備時間30秒／解答時間1分）

問題概要

4コマの一連のイラストが提示され、「設定された状況にいるものとしてストーリーを説明」することが求められます。今回の課題では男女2人の経験を留学生に説明するという状況が設定されてイラストが与えられていますね。

課題内容

まず状況と4コマのイラストが与えられ、受検者は30秒の準備時間のあと、1分間でイラストに示されたストーリーを説明することを求められます。与えられた個々のイラストの「何に」着目するべきかを全体的な観点から判断することが重要ポイントのひとつです。

1. 試験の時に気をつけること

☞「ストーリーにあわせた情報の取捨選択」に気をつける

通常1つのイラストには文字にすると膨大な量の情報が含まれています。そうした情報全てに触れていては時間がどれだけあっても足りません。本番では、概ね各イラストについて1〜2センテンス程度しか話せないと考えると良いでしょう。つまり、**全体のストーリー展開にとって何が重要で何がそうではないのかを判断することが大切だ**ということです。

☞「ストーリーの展開」に気をつける

「ストーリー展開を把握する」とは4つのイラストに「論理的または時間的な結びつきを見出すこと」です。たとえば、**「A→B→C→D」とイラストが並んでいる場合**、単純に【Aがあって、Bがあって、その後Cがあって、最後にDがあった】という順番を説明すればいい場合ばかりではなく**【Aの状況でBの予定だった。しかし、Cが起きてしまいDになった】という説明を必要とする場合**だってあるわけです。各イラストの間の関連性に意識を向け、接続詞などの「ディスコースマーカー」も使いながら展開をうまく伝えるような回答を心がけましょう。

☞「語い・文法」に気をつける

イラストの説明をしていく際に多くの学習者が陥るのが「その状況を何と説明したらよいか適切な言葉がみつからない」という状況です。日常的な状況描写をするための語いを学んでいくことが必要なのは言うまでもありませんが、**「より表現しやすい言葉に言い換える」というのも重要**です。また、ストーリーを説明する上で重要な代名詞や時制などの文法事項にも気をつける必要があります。

以下のことに注意して取り組みましょう！

☑ 「それぞれのイラストのポイント」を把握できているか

☑ 「イラスト間の展開」を把握できているか

☑ ポイントを説明するために
　適切な「語い」を用いることができたか

☑ ストーリーを説明するために
　適切な「文法」を用いることができたか

☑ 複雑になりそうな表現は適切な「言い換え」ができたか

「思いついた日本語のまま英語にしようとする」ことで不思議な英語を作ってしまう学習者はたくさんいます。上手な「言い換え」も学んでくださいね。

スコアアップの必須 POINT

☞「ストーリーを説明する」とは

そもそもこのパートで求められている「ストーリーを説明する」とはどういうことなのでしょうか。実は多くの学習者はそもそも**単純な「イラスト1枚の説明」と、「ストーリーの説明」の違いがイマ**イチ理解できていません。ここまでに述べたこととも少し重複するところですが、重要なポイントですのでここで取り上げておきます。

さて、ズバリ違いは何か、から入りましょう。イラスト1枚の説明とストーリーの説明の違いは前者の目的が「聞いている相手がそのイラストを概ね再現できる程度の情報を提供する」ことであるのに対し、**後者は「聞いている相手がその展開や流れを把握できる程度の情報を提供する」ことが必要である**という点です。例えば、もし今回の例題の1コマ目のみが単体で「イラスト1枚の説明問題」であったとしたら、「男の子と女の子が制服を着ていて高校生だと思われること」や「女の子は左腕にバッグをかけていること」、「2人の背後には住居や電信柱が見えること」を説明する必要がありますね。そうしなければ説明を聞いている人がそのイラストを「再現」することはできません。**でも、これらの情報を「ストーリーを説明する上で必要か」という観点から、つまり、イラスト1枚だけではなく4つの連続したイラストだとして、考えてみましょう。**「制服を着ていること」は話の展開上重要な要素でしょうか。「後ろに住居や電信柱があること」はどうですか。そうですね、彼らが仮に私服であっても、後ろにあるのがお店であっても、違いはないのです。前にも書きましたが、試験には時間制限があります。限られた時間の中でどの情報を相手に伝えるか、を考える際には「ストーリーを説明する」ということの意味をしっかりと理解しておく必要があるのです。**「その問題は何をすべき問題なのか」という観点はとても重要**だということですね。

👉「ストーリーを説明する」ための文法

次に文法についての話をしてみたいと思います。GTECの Speaking Part Cの対策で「文法」というと、必ず**「名詞・代名詞」と「時制」の学習をしっかりしましょう**、という話になります。では、そもそもなぜこれらの項目が重要だ、と言われるのでしょうか。**その点が納得できていないのならば皆さんにとって文法学習は「何のためにやっているか分からないもの」になってしまう**でしょう。それでは困りますよ、というのがここで指摘したいポイントです。

今回のパートは「ストーリーを説明する」ことが目的でした。ストーリー、つまり物語を相手に伝えようとする場合には「誰がどうしてどうなった」ということがしっかりと説明されなくてはいけません。例えばむかし話で

> ①「むかしむかし、あるところに、おじいさんとおばあさんがいました。」

と話を始め、

> ②「ある日、おじいさんは山へしば刈りに、おばあさんは川へ洗濯にいきました。」

と続けた際、私たちは**"①で登場したおじいさんとおばあさんが②の行動をしている"と判断できるからこそ①と②をストーリーとして読み取ることができる**わけです。これがもし、①の「おじいさんとおばあさん」が②の「おじいさんとおばあさん」と同一人物であると相手に伝わらなければ物語は進みません（日本語ではそういったことはないのですが）。また、仮に、①に続けて②'として、

> ②'「おじいさんは山へしば刈りに、おばあさんは川へ洗濯にいくものです。」

などと書いてしまうと、突如として**お年寄りの性質や習慣を述べたようになってしまい、①との関連性が正しく伝わらなくなります。**

これらは日本語での例ですが、英語でも、「名詞・代名詞」の学習

を通じて、**情報の受け手にとっての新規情報にはまず"a/an（不定冠詞）"を付け、既知の情報になった際には"the（定冠詞）"を付けたり"he/she（代名詞）"としたりすることで「文の連続性」を示す**ということを知っていなければ、また「時制」の学習を通じて、**英語の現在形は「性質」や「習慣」を表すことができる**ということが意識できていなければ、②'と同様の間違いをすることになるわけです。

つまり、このパートで「名詞・代名詞」と「時制」の文法学習が必要だ、ということになるのは**それらがこのパートでの「目的」を達成するために不可欠な「道具」だからなのですね。文法学習とは「4択から答えを選ぶ」ために必要なのではなく、「情報を正確に伝え、受け取る」ためにこそ必要なもの、つまり「英語を正しく使う」ために必要なもの**なのだと知っておいてください。こうした**「どのような目的で英語を使う時のルールなのか」**という意識をもって、まずは「名詞・代名詞」と「時制」の学習に取り組んでみてはどうでしょうか。

イマスグ POINT・コレカラ POINT

「日常生活に関わる語い」を意識的に学ぼう！

「成功する」は"succeed"とすぐに言えるのに「犬を散歩させる」は言えない、という英語学習者は意外と多いものです。**その原因に「単語は単語集で覚えるもの」という感覚**があることがあります。犬の散歩をしている人を見ることは日常的にあるでしょうから、そういった時に「これってなんて言うんだろう」と疑問をもち、スマホなどでその場で調べてみる習慣を身につけましょう。ちなみに「犬を散歩させる」は"walk a dog"ですよ。

「何の目的でどう使うのか」という意識をもって文法を学ぼう！

「文法」と言われると「4択問題を解くためだけに必要なもの」と思ってしまいがちですが、それは誤りです。**「単語を結び付け、より正確に情報を伝える／受け取る」ために文法の知識は不可欠な**のなのです。「そのルールはどういった目的がある場合にどう用いるべきものなのか」といった「使う」意識をもって文法を学ぶようにしてください。**文法は「読む」「聞く」「話す」「書く」の全ての土台となるもの**です。

イラスト問題も入試で頻出！

図表を含んだ問題の時にも触れましたが、イラストを含んだ問題も現在の大学入試では頻出です。また英検などの資格試験でも写真やイラストの描写やストーリー説明問題は多く出題されています。イラスト1枚の描写であればどこまでの情報を読み取り表現するべきか、ストーリー説明である場合には何に焦点を絞って説明をするかなど、普段からしっかりと意識し、将来そういった問題に出会っても慌てずに対応できるようにしておきましょう。

Part C

Speaking

例題にトライ！

DAY 3

Speaking

パートC ／ 攻略法

Question

🔊 Track: 12

あなたは、先日ある少年と少女が経験したことを、留学生の友だちに話すことになりました。相手に伝わるように英語で話してください。

（準備時間30秒／解答時間1分）

CHECK!

以下のことに注意して取り組みましょう！

- [ ] 「それぞれのイラストのポイント」を把握できているか
- [ ] 「イラスト間の展開」を把握できているか
- [ ] ポイントを説明するために適切な「語い」を用いることができたか
- [ ] ストーリーを説明するために適切な「文法」を用いることができたか
- [ ] 複雑になりそうな表現は適切な「言い換え」ができたか

☞ 例題の解説

さぁ、解説です。しっかりとできたでしょうか。特に大切なチェックポイントを取り上げ、確認していきましょう。

☑ 「それぞれのイラストのポイント」／「イラスト間の展開」を把握できているか

まず、それぞれのイラストに含まれている情報を全く選別することなく挙げてみましょう。同時に、その情報のうち「イラスト間の展開」という観点から見て必要なものを選び出してみます。情報を選ぶ理由・選ばない理由も含めて確認してみましょう。

> ① ・**男の子と女の子がいる**
> 　・**2人は路上にいる**
> 　→男の子も女の子も制服を着ている
> 　・**女の子はバッグを持っている**
> 　→女の子がバッグを持っているのは左腕である

☝「男の子と女の子がいる」ことは当然言及しなくてはいけませんが、「女の子がバッグを持っている」ことと「路上にいる」ことにも触れなくてはいけませんね。バッグについては問題ないと思いますが、外にいたからこそ動物が集まってきたわけですから、「一緒に歩いていた」とすることで「屋外であること」と、今後の展開とあわせて「2人が行動を共にしていること」をまとめて伝えてしまいましょう。「制服」や「左腕」は展開に関係ないため不要ですね。

> ② ・**男の子と女の子は何かに疑問を持つ／気づく**
> 　・"meow〜"という音（声）がしている

☝「男の子と女の子が何かに疑問を持った」ということに触れることは当然必要ですが、ここで注目してもらいたいのはこの「何か」をどの程度まで説明するか、です。多くの受検者はこの"meow〜"を読みたくなってしまうのですが、この情報にはあえて触れないのも手です。というのは、この物語の最後にはイヌも登場してくることになるので、ここで"meow〜"というネコの鳴き声のみに触れると、

厳密には④の段階で「なんとネコだけではなくイヌまで…」という
ような説明をする必要があるからです。この鳴き声には触れず「何
か音が聞こえた」くらいにぼやかしてしまうと良いでしょう。

> ③ ・男の子と女の子が、女の子が何かを落としていることに気づく
> ・落としていたのはクッキーである
> ・落としたクッキーは3枚である
> ・クッキーのかたちは、星のかたち、ヒトのかたち、円形である

☝クッキーだと言っておかないと次のイラストにつながりませんね。
「落としてしまっていた」こととあわせて、もちろん触れることに
なります。枚数と形状は…そりゃいりませんよね（笑）。

> ④ ・男の子と女の子は何かに気づく／驚く
> ・イヌとネコが集まっている
> ・イヌとネコはクッキーにつられて集まってきている
> ・集まってきたのはイヌ2匹、ネコ2匹である
> ・さらに4枚クッキーを落としている
> ・クッキーのかたちは、四角形が1枚、ハート型が1枚、円形が2枚である

☝「男の子と女の子はクッキーにつられてイヌとネコが集まってき
ていることに気づいた／気づいて驚いた」という内容が伝えられれ
ば良いわけですから、あとは不要な情報です。こうして見てくると
「イヌやネコの数の情報なんていらないに決まっているじゃないで
すか！」とみんな思うわけですが、実際に回答してもらうと"Two
dogs and two cats gathered ..."なんて言ってしまう人は多いのです。

情報の取捨選択、しっかりとできたでしょうか。ストーリーを説明
する上で必要な情報をしっかりと選び出せるようにしましょう。

☑ 適切な「語い」／「文法」を用いることができたか

さぁ、では「語い」、「文法」についてまとめて扱ってしまいましょ
う。先ほど見てきた内容から、今回の回答に含まれていて欲しいキ
ーとなる表現は以下の通りです。

コマ	回答に入っていて欲しい表現
1	A boy and a girl were walking.
2	They heard something strange.
3	They turned around and saw she dropped some cookies.
4	Some dogs and cats had gathered.

では、それぞれのポイントを確認しましょう。

1. ①**A boy and a girl** ②**were walking.**

   ① 新規情報であるboyとgirlという2つの単数名詞に不定冠詞をつけましょう。

   ② 描写としてしっかりと"be＋-ing"のかたちを用い、進行形としましょう。また過去時制になっていることもここで確認して欲しいところです。

2. ③**They heard** ④**something strange.**

   ③ 前のイラストからの連続性を示すために代名詞theyを用いましょう。

   ④ 「何か変なもの（音）」の表現です。

3. They ⑤**turned around and saw she** ⑥**dropped some cookies.**

   ⑤ 「振り返る」の表現を押さえましょう。

   ⑥ 「〇〇を落とす」は"drop 〇〇"です。またここで"had dropped"とすることも可能です。

4. ⑦**Some dogs and cats** ⑧**had gathered.**

   ⑦ 不特定の複数名詞にsomeを付けています。

   ⑧ 「集まる」はgatherを用います。

☑ 複雑になりそうな表現は適切な「言い換え」ができたか

最後に「言い換え」について扱いましょう。例えば今回の最後のイラストで、「彼女が落としたクッキーにつられたイヌやネコが集まってきた」と言いたい場合、そのまま英語にしようとすると、

Some dogs and cats attracted by the cookies she had dropped had gathered.

のような文になってしまう可能性があります（こんなに複雑にしたのはわざとですが）。とはいえ、「まとめて言おうとしすぎる」のは学習者によくあるミスです。こういった場合には、「彼女はクッキーを落とした。数匹のイヌやネコがそれを食べに来た」と言い換えれば、

> She dropped some cookies. Some dogs and cats came to eat them.

というようなシンプルな英文にすることができます。このように**短い文で「動作を細かく分けるように言い換える」ことで、複雑になりそうな表現も乗り越えることができます。**もちろん複雑な文でも言えるようになることは重要ですが、こうした「解決方法」も知っておいてくださいね。

☞ 解答例

Answer 🔊 Track: 13

A boy and a girl were walking along a street. The girl had a bag.
When they were walking, they heard something strange behind them.
They turned around. They saw that the girl had dropped some cookies on the street by mistake.
After that they noticed some dogs and cats had gathered because of the smell of the delicious cookies.

⬇ 日本語訳

男の子と女の子は通りを歩いていて、女の子はバッグを持っていました。
彼らが歩いているとき、後ろから不思議な音が聞こえました。
彼らは振り向きました。彼らは女の子があやまって通りにクッキーをいくつか落としていたことに気づきました。
それから、美味しいクッキーのにおいのために、イヌやネコが数匹集まっているのに気づきました。

パート C まとめ

● Part Cでは「ストーリーを説明」する。それがイラストI枚の説明とどう違うのかをしっかりと意識する。

● 「ストーリーを説明」するためにはどの情報をどういったことに気をつけて述べたらよいのかを考えて情報の取捨選択をする。

● 文法は「どんな目的でそのルールを使うか」まで理解してはじめて意味のある学びになるということを忘れない。

DAY 4
Speaking
Part

攻略法

Part D

意見陳述問題

Expressing Your Opinion

パートDってどんな問題？

1分間で与えられたテーマを読み取り、1分間で自分の意見を述べる問題。

問題数 **1** 問　準備時間 **1** 分　解答時間 **1** 分

> パートDは、あるテーマについて、自分の考えとそう考える理由を述べる問題です。はじめに準備時間が1分あります。解答時間は1分です。

> あなたは英語の授業で、次のテーマについて発表することになりました。自分の考えを述べ、その理由を詳しく具体的に説明してください。聞いている人に伝わるように話してください。
>
> （準備時間1分／解答時間1分）

> These days, some people insist that club activities should be limited at school. What do you think about this? State your opinion and give at least one reason with an example or an explanation to support your answer.

問題概要

Speaking Part Dでは、あるテーマが与えられ、そのテーマに対するあなたの考えとそう考える理由を述べることが求められます。今回のテーマは「部活動の制限の是非」です。

課題内容

英文でテーマが与えられ、受検者は1分の準備時間のあと、1分間で自分の意見を理由をつけて話すことが求められます。意見を示すことはもちろん、理由をしっかりと展開できることが重要です。

1. 試験の時に気をつけること

☞「問いの正確な理解」に気をつける

まず基本中の基本ですが、「問いをしっかりと理解する」というのは非常に重要なことです。こうした自分の意見を述べるタスクの場合、そもそも問いがしっかりと理解できていないために違うことに関する意見を述べてしまうことはよくあるのです。問いを正確に理解するというのは案外難しいんですよ。

☞「説得力のある話し方」に気をつける

「説得力」とは「相手に自分の立場を納得させる力」のことです。これは「大きい声で話す」とか「ハキハキ話す」ということによって達成されるものではありません。**意見に説得力を持たせるには、主張・理由・サポート、といった論理構成がしっかりしていることが重要**なのです。論理的な話し方というのはどういうことなのかを意識し回答する必要があります。

☞「制限時間」に気をつける

ここまで「語い・文法」の重要性については繰り返し述べてきましたので、それは当然の前提であるとして、制限時間について触れておきましょう。このパートには準備時間も解答時間も1分ずつあるわけですが、この1分をしっかりと使えない受検者はたくさんいます。1分間で何を考え、準備し、1分間で何を話すのか。そうしたイメージがしっかりできていない人は時間をオーバーしたり、もしくは1分の解答時間を半分以上余らせたりします。時間をいかに使うかには気をつけましょう。

以下のことに注意して取り組みましょう！

- ☑ 「問いを正確に理解」できているか
- ☑ 「自分の意見」を主張できたか
- ☑ 「意見の理由」をしっかりと述べられたか
- ☑ 「理由のサポート」をしっかりと述べられたか
- ☑ 適切な「語い・文法」を用いることができたか

普段から色々な問題に興味を持っていないとどれだけ試験対策をしても意味がありません。「話すことがなければ話せない」ということを肝に銘じましょうね。

2. スコアアップの必須 POINT

☞「説得力のある話し方」とは

先ほども、説得力のある話し方とは論理構成がしっかりした話し方のことだという点に触れましたが、ここではさらに詳しくこの「論理構成」について見ていくことにしましょう。

論理的であり説得力がある、というのは個々の理由の質のみを言うわけではありません。もちろん理由そのものに説得力があることも重要ですが、それと同じくらい**「主張→理由（抽象的なもの）→サポート（具体的なもの）」という論理構成がしっかりとできていることも重要**なのです。では、「抽象的」な理由、「具体的」なサポートとは一体どういうことなのでしょうか。どのようにことばを選べば抽象的な理由となるのでしょうか。また具体化するとは一体どういうことなのでしょうか。ここでは「対象となる範囲」という観点から見てみることにしましょう。例えば、

> 「貧しい人たちはその状況に責任があると思うか。あなたの考えを述べなさい。」

という問いに対して、「責任があると考える。」と主張し、理由を述べるとします。この場合に、

> ア）「なぜなら、ホームレスの人たちは自分の選択の結果、今日の状況に至っているからだ。」

と述べるのが適切でないことは分かりますか？そうです、そもそもこの理由は「貧しい人＝ホームレスの人たち」という発想に基づくものです。ただ、「貧しい人」は「ホームレスの人たち」よりも広い範囲を対象とすることばです（「貧しい人」＞「ホームレスの人たち」）。こういった理由付けのミスを指摘する際に**「理由を具体化しすぎている」**と言うことができます。では、同じ内容の理由を「抽象的」に述べるとどうなるでしょうか。

イ）「なぜなら、人は自分の選択の結果、今日の状況に至っているからだ。」

このように「人」とすると、このことばの「傘の下」にはより多くの概念が収まることになります（豊かな人も、貧しい人も、そこそこの人もみんな、この「人」ということばに含まれますね）。つまり、**「抽象的」な表現であるとは、より多くのものがそのことばの傘下に収まる表現であるということ**です。このイ）に続けて、

> 「世の中には危機的な経済状況に一度は陥っても、いわゆるホームレスなどにはならずに再起している人たちがいる。作家の○○さんは…という状況にありながら（※詳しく述べる）その状況を脱し、多くの素晴らしい作品を送り出している。このように、そうならない選択ができる以上、現在貧しい状況にある人たちは必ずどこかでそのようになってしまう選択をしているはずだ。」

と述べるとこれで「具体的」になったということになり、しっかりとしたサポートとして機能します。なぜこの表現で「具体的」になったと言えるのでしょうか。それはここまでの論理展開が、

> **「人」＞「危機的な経済状況に一度は陥っても再起している人」＞「作家の○○さん」**

という順番で**対象となる範囲が狭くなっている**からです（最後は完全に個人ですね）。このように**「具体的」な表現であるというのは、より限られた範囲のものが該当する表現であるということ**なのです。

どうだったでしょうか。そして、この「抽象と具体」の展開のスムーズさこそがしっかりとした良い論理構成の鍵となります。主張をする際には、この抽象と具体の関係性を意識して**「はじめは抽象的に、そこから少しずつ具体的に」**という展開を心がけましょう。そうした展開で十分な発話量があると"well developed（十分展開できている）"と評価されます。ハイスコアのポイントとなることは言うまでもありません。

攻略法 3.　イマスグ POINT・コレカラ POINT

イマスグ 「社会的な問題」を意識的に学ぼう！

「社会的な問題」と言われると「地球温暖化」や「貧困」、または「砂漠化」など世界規模の問題ばかりがイメージされるかもしれませんが、今回のような「部活動」や、それ以外にも「高校生のアルバイトの是非」、または「高校生のスマホ使用時間制限」などの問題も立派な「社会的な問題」です。**身近な社会の出来事に「気づき、考え、調べ、さらに考える」という習慣を身につける**ようにしましょう。

イマスグ 「主張→理由→サポート」という思考パターンを身につけよう！

説得力のある論理展開の方法や「良い論述」のあり方にはたくさんの種類があります。ですから「主張→理由→サポート」という構成が唯一無二なわけではありません。とはいえ、この形式が論理展開の「王道」のひとつであることは間違いありません。物事について考える際、**「これについて自分はどう思う？」「なぜそう思う？」「そこから思い出す経験・体験や、そこから思いつく出来事、それに似た出来事はある？」という順に掘り下げていく思考パターン**を習慣化しましょう。**論理性というのは一種の思考習慣**です。ですから日々取り組まないとできるようにはなりません。時間がかかるものですから、今すぐ、始めてくださいね。

コレカラ スピーキング Part D は口頭での自由英作文！

現在の入試には自由英作文が多く出題されます。「書く」勉強は書くことでしか鍛えられない、という側面はありますが、他の技能が何も関係がないわけではありません（読んでいても聞いていても、全ての技能はつながっているのです）。今回のような出題形式はほぼ直接的に「話す」技能の中での学習が「書く」ことの強化に生かせます。このタスクを「口頭での自由英作文」だと考えて、これから先別の場面でも使うものとして身につけるようにしましょう。

例題にトライ！

Question

🔊 **Track: 14**

あなたは英語の授業で、次のテーマについて発表することになりました。自分の考えを述べ、その理由を詳しく具体的に説明してください。聞いている人に伝わるように話してください。

（準備時間1分／解答時間1分）

These days, some people insist that club activities should be limited at school. What do you think about this? State your opinion and give at least one reason with an example or an explanation to support your answer.

CHECK!

以下のことに注意して取り組みましょう！

- ☐ 「問いを正確に理解」できているか
- ☐ 「自分の意見」を主張できたか
- ☐ 「意見の理由」をしっかりと述べられたか
- ☐ 「理由のサポート」をしっかりと述べられたか
- ☐ 適切な「語い・文法」を用いることができたか

🗣 例題の解説

☑ 「問いを正確に理解」できているか

さて、まずは問題文から確認しましょう。

> These days, some people insist that club activities should be limited at school. What do you think about this? State your opinion and give at least one reason with an example or an explanation to support your answer.

「部活動を制限するべきか」ということについて自分の意見を述べることが求められています。「少なくとも理由を1つ」というのは当然ですが、1分間近く話そうと思うのであればよほどゆっくり話すか、十分な展開ができないと、理由1つでは大変かもしれません。

さて、この問いですが、正確に理解できているでしょうか。いえ、これは「部活について聞かれている」と理解できていないのではないか、と言いたいのではありませんよ。「部活＝運動部」と思い込んでしまってはいないでしょうか。例えば、**「ケガをする可能性がある」というようなことを何の説明もなく理由にしてしまえば、これは問いの誤解から生じるミス**、ということになります（もちろん「例えば運動部の場合には…」など説明を加えての理由としては機能します）。あくまで本問は「全てのタイプの部活動」を対象とした問いであることを理解する必要があります。

☑ 「自分の意見」を主張できたか／
「意見の理由・理由のサポート」をしっかりと述べられたか

では、1分間の準備時間の頭の中をイメージしながら今回の解答例までつなげていきましょう。

① **開始〜10秒：問いを正確に理解する**
☞これはさっきやりましたね。正確に。

② 10 秒〜40 秒：「意見を決定する準備」をする

☝ここにたくさんの時間を割いていることを不思議に思うかもしれませんが、多くの学習者がこの段階で反射的に賛成・反対を決めてしまいます。その結果、その後に続く理由が不思議なものになったり、「理由が3つある！」と言ったのに3つ目の理由が理由になっていなかったりしてしまうのです。

では、どうすればいいのでしょうか。**意見を決定する際には「理由がしっかり思いつく方にする」という意識がとても重要です。理由が思いつき、その展開が十分できる、という立場**の方を選びましょう。今回のテーマであれば「部活の良い点・悪い点」を考えます。さらにその理由を「どう展開できるか」ということまで検討し絞り込んでいきます。そうすると以下のようになります。

良い点
△友達ができる→例えば…自分に友達ができた話？
△運動部なら健康になる→文化系は…？
○チームワークが学べる→社会に出てからもチームで働くことは多い
△ストレス発散になる→ストレスは多くの病気（高血圧や胃痛など）の原因となるから、ない方が良い

悪い点
○部活にほとんどの時間をとられてしまう→勉強する時間がなくなる
△強制的に参加させられるのはストレスになる→運動しても結局健康に良くない
○学校の先生の負担になる→仕事が増えすぎて辞めてしまう先生もいる
○部活で休日がなくなってしまい健康に悪い→自分も先月何も予定のない休日が1日もなかった

良い点の理由のうち、「ストレス発散になる」というのは具体化すると病名に触れなくてはいけなさそうですね。また**悪い点**の「強制的に部活に参加させられるとストレスになり、例えば運動でストレスが発散できても、練習に行くことそのものが新たなストレスの原因となる」というような理由はちょっと言うのが難しそうですね。そうした**「言いやすいかどうか」も十分に検討**しましょう。**ここまで考えてようやく「どちらの立場の方が主張しやすいか」の検討ができる**のです。こういった試験では道徳的に「良い子」の意見を述

べる必要はありません。もちろん反社会的な意見や一方的な意見は説得力に欠けますが、**しっかりと理由があり具体性をもった意見は評価される**のです。

③ **40秒～1分：意見を決定し、論理展開の最終確認をする**

☝今回は悪い点に〇が多くなったので（どれに〇が付くかは人によるわけですが）、意見としては「部活動を制限すべき（悪い点が多いから）」と決めたことにしましょう。その上で最終的に論理を構築します。

> 主張：部活動を制限すべき。
> 理由①：学校の先生は働きすぎである。
> サポート①：休日でも部活を見なくてはいけない。
> 　　　　　→その結果、健康を害し辞める先生もいる。
> 理由②：学生の自由な時間がなくなる。
> サポート②：学生は勉強や読書やアルバイトにも時間を使った方がよい。
> 　　　　　→しかし、多くの場合、毎日部活動を強制される。

こうしたことを頭の中でどんどんと行っていく必要があります。いかに**「論理的に考える」ことが思考習慣となっていることが必要か**、分かってもらえるのではないでしょうか。もちろん短い時間の中で行うことですからもっと簡単なメモ程度の構成で構いません。ただ、この構成案のようにしっかりと**「段階的に掘り下げていく意識」**を持つようにしましょう。

☑ 適切な「語い・文法」を用いることができたか

こうしたプロセスを経て出来上がった構成をもとに回答していきます。気づいた人もいるかもしれませんが、アイデアを組み上げることで1分はほとんど使い切ってしまいます。英語で回答をしっかり作ってそれを話す、というようなステップはあまり現実的ではありません。しっかりと論理展開できるように準備をすることに時間がかかってしまうのです。ですから、**解答時間の中でほぼ瞬間的に英文に変えて話していく必要がある**、ということになります。**「前の文に次の文を重ねて掘り下げていくようなイメージ」**を持ちながら回答していきましょう。そのイメージを視覚的に表して解答例を示

すと以下のようになります。今読んでいるのはどういった役割を持った文なのかも意識しながら音読してみてください。語いや文法も以下を参考に確認してくださいね。

I think club activities should be limited at school.
- First, Japanese teachers are overworked.
    In many schools, teachers have to supervise club activities even on Saturdays and Sundays.
        As a result, some of them have health issues and may even quit their jobs.

- Second, it deprives students of their free time.
    Besides club activities, I think they should have more time to study, read a book, or , work part-time for example.
        However, in many cases, students have to participate in club activities every day.

For these two reasons, I think club activities should be limited at school.

語い・文法	・ as a result：結果として
	・ quit O：O をやめる
	・ besides O：O の他にも
	・ work part-time：アルバイトをする
	・ in many cases：多くの場合
	・ participate in A：A に参加する

☞ 解答例

⬇ 解答例1

I don't think club activities should be limited at school. There are three reasons. First, for high school students, the experience of club activities is an important part of their lives. Through this experience, there is a chance to learn how to work as a team. Also, students often make friends during club activities. Third, especially for sports teams, students get a lot of exercise and stay healthy. For these three reasons, I don't think club activities should be limited at school.

⬇ 解答例2

I think club activities should be limited at school. There are two reasons. First, Japanese teachers are overworked. In many schools, teachers have to supervise club activities even on Saturdays and Sundays. As a result, some of them have health issues and may even quit their jobs. Second, it deprives students of their free time. Besides club activities, I think they should have more time to study, read a book, or work part-time, for example. However, in many cases, students have to participate in club activities every day. For these two reasons, I think club activities should be limited at school.

日本語訳

最近、学校での部活動を制限すべきだと主張する人々もいます。これについてどう思いますか？例や説明を含め、意見と、その根拠となる少なくとも1つの理由を述べなさい。

● 解答例1

私は学校での部活動は制限されるべきではないと思います。これには3つ理由があります。1つ目は、高校生にとって、部活動の経験は生活の中で重要な部分であるということです。この経験を通して、チームでどのように活動するかを知る機会があります。また、学生たちはよく部活動を通して友人をつくります。3つ目は特にスポーツのチームについてですが、学生たちはたくさん運動をして健康を保ちます。これら3つの理由から、私は学校での部活動が制限されるべきではないと思います。

● 解答例2

私は学校での部活動は制限されるべきだと思います。2つ理由があります。1つ目の理由は日本の教員が働きすぎだということです。多くの学校では教員は土日でさえも部活動を監督しなければなりません。結果として、健康問題を抱える教員も現れ、仕事を辞める可能性すらあります。2つ目は、学生から自由な時間を奪うということです。部活動以外にも彼らは、例えば、勉強したり、読書したり、アルバイトをしたりすることにより時間を使うべきだと思います。しかしながら多くの場合に学生たちは毎日部活動への参加を強いられます。これら2つの理由から私は学校での部活動は制限されるべきだと思います。

Speaking

パート D まとめ

● Part Dでは「自分の考えを述べる」ことが求められる。社会的なテーマであっても答えられるように日ごろから準備が必要。

● 「説得力のある展開」にするために「論理的な展開」をしっかりと理解する。またそうした思考パターンを習慣化する。

● Part Dで培った力は大学入試の自由英作文も含めた「書く」場面でも生かせることを意識し、しっかりと取り組む。

DAY 5

Speaking
Part

徹底トレーニング

Part A

パートAは、全部で2問あります。聞いている人に伝わるように、英文を声に出して読んでください。はじめに準備時間が30秒あります。解答時間は40秒です。

Question 1　◀)) Track: 16

あなたは留学先でサッカー部に所属しています。あなたはこれから不在の部長にかわって、校内放送で部活の連絡をすることになりました。次の英文を声に出して読んでください。

（準備時間30秒／解答時間40秒）

What are you doing after school today? If you have no plans, why don't you come and watch the school soccer team play Westside High School? The game starts at 4 PM and is scheduled to finish before 6. This is an important game because the winning team will progress to the national championships. Come and support our team.

🖐 解説

攻略法で確認した内容をもとに、特に重要なチェックポイントを取り上げ確認していきましょう。**どんなことに気をつけるべきか忘れてしまったらPart Aの攻略法に戻りましょう。**では、解説です。

☑ 「発音・アクセント」は正しく理解できているか

今回の課題文で特に気をつけたい語は以下の通りです。

Listen

音声とともにポイントも確認しましょう。　🔊 **Track: 17**

	Point
schedule (scheduled)	「スケジュール」とカタカナ英語にならないようにしましょう。
winning	これもカタカナ英語になってしまいがちな語です。**"w"は「筒のようにすぼめる」口のかたち**です。音声を聞いて確認しましょう。「口のトレーニング」進んでいますか？
progress	発音記号は［prəgrés］です。今回は動詞として使われているのでこの音になりますが、「進歩」という意味の名詞で使われる場合には［prágrəs（米国英語）/ prógrəs（英国英語）］とアクセントの位置が変わりますので注意。
championship(s)	「ちゃんぴおんしっぷ」のように日本語読みしなかったでしょうか。音声を参考にしっかりと英語らしい発音を心がけて。
support	これも「さぽーと」と日本語読みしがちです。"ーport"のところで気を抜かず最後まで英語らしく発音する意識を。

☑ 「語尾の上げ下げ」を意識できているか

今回の課題文で語尾の上げ下げを特に意識して欲しいのは、

① What are you doing after school today? ↓
② If you have no plans ↓ , why don't you come and watch the school soccer team play Westside High School? ↓

この2つの文です。今回は**「疑問詞ではじまる」文になっていますから、語尾は下げる**ことになります。できたでしょうか。また、ここで一歩進んで確認して欲しいのは②の文の"If you have no plans, ..."部分の語尾です。音声が少しだけ下がっていることに気づくと思います。このように**英文の途中では「区切りだけどまだ終わっていないですよ」**という合図として少しだけ音を下げるのです。長い文章などのときには意識してみるとさらに英語らしく読めるようになります。

☑ 「意味のまとまり」を意識して読めているか

今回特に取り上げたいのは以下の部分です。

... why don't you come and watch the school soccer team play Westside High School?

この部分もどこで区切れるのかがわかりにくかったのではないでしょうか。まず"why don't you"の部分はしっかりとスムーズに発音しましょう。"Why don't you ... ? "は「…してはどうですか」という表現です。こういった表現は「まとまり」だと認識しておきましょう。

さて、問題は"watch"以降です。この部分は、

... **watch** the school soccer team play Westside High School?
      V   O   C

という構造になっています。大切なのは"the school soccer team が play Westside High School（する）"という関係が成り立っていることです。ですから、**この部分についてはなるべく一気に読むこと**

を心がけましょう。そのため今回は

> ... why don't you come / and watch the school soccer team play Westside
> High School? //

というくらいの区切りで読むことを意識できると最高です。

☑ 課題文の「伝えるべき内容」を意識できているか

ここで取り上げるのは以下の文です。この文でよりハッキリと伝え
るべき情報はどれでしょうか。

Try! ☺ 下線を引いてみてください。
> The game starts at 4 PM and is scheduled to finish before 6.

今回は試合の案内なのですから「何時開始」で「何時終了」なのか
は伝えるべき情報ですね。ですから、

> The game <u>starts</u> at <u>4 PM</u> and is scheduled to <u>finish</u> <u>before 6</u>.

上記の下線を引いた情報は他の部分よりも**「やや大きくゆったりと」
読むべき**ということになります。視覚的にわかりやすくすると、以
下のようになります。実際に大きな文字をやや大きくゆったりと読
んでみましょう。

> The game **starts** at **4 PM** and is scheduled to **finish before 6**.

どうでしょうか。これでより高評価を受ける音読になります。しっ
かりと取り組んでみてください。

解答例

What are you doing after school today? If you have no plans, why don't you come and watch the school soccer team play Westside High School? The game starts at 4 PM and is scheduled to finish before 6. This is an important game because the winning team will progress to the national championships. Come and support our team.

🔽 **日本語訳**

今日の放課後、何をしていますか？もし何もないなら、ウェストサイド高校とのサッカーの試合を見に来ませんか？試合は午後4時に始まり、6時前には終わる予定です。これは大切な試合です。なぜなら、勝ったチームは全国大会に出場するからです。来て、私たちのチームを応援してください。

Question 2 　🔊 Track: 19

あなたはインターナショナルスクールの生徒です。図書委員をつとめるあなたは、校内放送で図書館に関する連絡事項を伝えることになりました。次の英文を声に出して読んでください。

（準備時間30秒／解答時間40秒）

Do you have any books you need to borrow from the library? If your answer is yes, please be sure to visit the school library before the end of the week. From this Saturday, our library will be closed for renovations. There will be a new reading area, as well as new computers. The library will reopen on February 17th.

👉 解説

では、次の問題の解説です。

☑ 「発音・アクセント」は正しく理解できているか

今回の課題文で特に気をつけたい語は以下の通りです。

Listen 😊

音声とともにポイントも確認しましょう。　　🔊 **Track: 20**

	Point
visit	こんな簡単な単語、と思ったかもしれませんが、"v" の発音も最後の"t"の発音もできない人がほとんどです。「びじっとー」などと発音しないように確認を。
renovation(s)	発音記号は［rènəvéiʃən（米国英語）/ rènʌvéiʃʌn（英国英語）］です。日本語でも「リノベーション」と言いますが、発音とアクセントをしっかりと英語らしくしてください。
area	日本語の「えりあ」ではなく、［é(ə)riə（米国英語）/ éəriə（英国英語）］と発音します。"r"の音をしっかりと意識しましょう。
reopen	この単語の読み方そのものは"r"にさえ気をつければ大丈夫だと思いますが、今回は直前に"will"が置かれているため、全体の読み上げ音声を確認しうまく口が動くようトレーニングをしてください。

☑ 「語尾の上げ下げ」を意識できているか

今回の課題文で語尾の上げ下げを特に意識して欲しいのは、

Do you have any books you need to borrow from the library?　↑

ですね。今回は**「Yes/Noで答えられる」**疑問文ですから、**語尾は上げる**ことになります。できたでしょうか。
また、さらに一歩進んで

> If your answer is yes, please be sure to visit ....

の"If your answer is yes, ..."の部分では**少しだけ音を下げる**ことも
確認してください。何度も繰り返し、英語らしい読み上げができる
ようになりましょう。

☑ 「意味のまとまり」を意識して読めているか

今回特に取り上げたいのは先ほども登場した以下の文です。

> If your answer is yes, please be sure to visit the school library before
> the end of the week.

この文の「まとまり」を意識しましょう。まとまりごとにスピードの
メリハリがつくとグッと評価される音読になります。では確認です。

> If your answer is yes, / please be sure / to visit the school library /
> before the end of the week. //

このような区切りで読めていると良いでしょう。特に"please be
sure"のフレーズはよく出てきますからスムーズに読めるようにし
てください。

☑ 課題文の「伝えるべき内容」を意識できているか

ここで取り上げるのは以下の3つの文です。よりハッキリと伝える
べき情報はどれでしょうか。

Try! 下線を引いてみてください。

① If your answer is yes, please be sure to visit the school library
before the end of the week.

② From this Saturday, our library will be closed for renovations.

③ The library will reopen on February 17th.

今回は図書館の休館に関する案内なのですから**「いつまで」**と**「い
つから」**はしっかりと伝える必要がありますし、**その「理由」**など
もちゃんと伝えたいですね。ですから、

① If your answer is yes, please be sure to visit the school library <u>before the end of the week</u>.

② From <u>this Saturday</u>, our library will be <u>closed</u> for <u>renovations</u>.

③ The library will <u>reopen</u> on <u>February 17th</u>.

上記の下線を引いた情報は他の部分よりも**「やや大きくゆったりと」読むべき**ということになります。では、視覚的にも分かりやすく。ちゃんと声に出して読んでいますか？

① If your answer is yes, please be sure to visit the school library **before the end of the week**.

② From **this Saturday**, our library will be **closed** for **renovations**.

③ The library will **reopen** on **February 17th**.

☞ 解答例

Answer 🔊 Track:21

Do you have any books you need to borrow from the library? If your answer is yes, please be sure to visit the school library before the end of the week. From this Saturday, our library will be closed for renovations. There will be a new reading area, as well as new computers. The library will reopen on February 17th.

⬇ 日本語訳

図書館で借りなければならない本はありますか？もしあなたの答えが「はい」なら、今週中に学校の図書館をぜひ訪れてください。土曜日から図書館は改築のために休館となる予定です。新しいパソコンが入るだけでなく、新しい読書スペースができる予定です。図書館は2月17日に再オープンします。

Question 3　🔊 Track: 22

あなたはインターナショナルスクールの生徒です。あなたは、朝の校内放送でイベントについて伝えることになりました。次の英文を声に出して読んでください。

（準備時間30秒／解答時間40秒）

Hello everyone. Are you ready for this year's annual visiting day at our school this Wednesday? Parents and people from the community will be coming to visit. They will be given school tours by our volunteer student guides, looking at displays made by students, and observing classes. Please be sure to give everyone a warm welcome!

👉 解説

さぁ、特に重要なチェックポイントを取り上げ、確認です。

☑ 「発音・アクセント」は正しく理解できているか

今回の課題文で特に気をつけたい語は以下の通りです。

Listen 😊

音声とともにポイントも確認しましょう。　　　🔊 Track: 23

	Point
annual	発音は［ǽnjuəl（米国英語）/ ǽnjuːʌl（英国英語）］です。最後の"-al"のところまでしっかりと意識して発音しましょう。
tour(s)	「つあー」ではありません。［túər］です。日本語読みにならないようにしてください。
volunteer	発音記号は［vɔ̀ləntíər］です。日本語の「ボランティア」とは発音が違いますからしっかりと確認しましょう。
display(s)	「ディスプレイ」と日本語でも言いますね。英語だとアクセントの位置が違います。［dɪspléɪ］であるということを覚えておいてください。
observe (observing)	発音記号は［əbzə́ːrv］ですね。日本語の「オブザーブ」と比べると「オ」も「ザー」も少し曖昧な音になっていることに気づくと思います。この音に慣れると英語らしい発音にまた一歩近づくのでしたね。

☑ 「語尾の上げ下げ」を意識できているか

今回の課題文で語尾の上げ下げを特に意識して欲しいのはもちろん、

Are you ready for this year's annual visiting day at our school this Wednesday? ↑

この文ですね。今回は**「Yes/Noで答えられる」**疑問文ですから、**語尾は上げる**ことになります。準備時間でしっかりと確認してくだ

さい。当然ですが、こうしたチェックポイントは「ハイスコアへの
チェックポイント」ですから、しっかりと意識し、自分の中で当た
り前になるようにしてくださいね。

☑ 「意味のまとまり」を意識して読めているか

今回は、

> They will be given school tours by our volunteer student guides, looking
> at displays made by students, and observing classes.

ここですね。最初の"They will be given ..."の部分は一気に読んで
しまうことになりますね。"will be given"の発音がスムーズにでき
るようにしましょう。また"looking at displays made by students"
の"made"以下の部分は"displays"を修飾していますから、この部分
は"displays made by students"でまとめて一気に読めるようにした
いところです。では残りは、全体的な観点から「まとまり」を意識
し、どこで区切れるのかを確認しましょう。
今回の文は、

> They **will be** *given* school tours by our volunteer student guides,
> *looking* at displays made by students, *and observing* classes.

というように"will be"の後ろに"given ..., looking ..., and observing
..."と並列されているという構造になっています。先ほど触れた通り、
最初の"will be given"はまとめて読んでしまうことになりますが、
その後はこの並列関係を意識して区切りを考えながら読めると良い
ですね。そのため今回は

> They will be given / school tours by our volunteer student guides, /
> looking at / displays made by students, / and observing classes. //

というくらいの区切りで読む意識ができると良いでしょう。

☑ 課題文の「伝えるべき内容」を意識できているか

ではいきましょう。今回は 2 つ扱います。以下の文でよりハッキリと伝えるべき情報はどれでしょうか。

Try! (◉) 下線を引いてみてください。

① They will be given school tours by our volunteer student guides, looking at displays made by students, and observing classes.

② Please be sure to give everyone a warm welcome!

今回は学校見学会の案内ですね。生徒たちは迎え入れる側ですから、彼らにも協力してもらわなくてはいけないかもしれませんね。そのため**「何が行われるか」や「協力してほしいこと」に関わる情報は伝えるべき**だということになります。ですから、

① They will be <u>given school tours</u> by our <u>volunteer student guides</u>, <u>looking at displays</u> made by <u>students</u>, and <u>observing classes</u>.

② Please be sure to give everyone <u>a warm welcome</u>!

上記の下線を付した情報は他の部分よりも**「やや大きくゆったりと」読む**とよいですね。視覚的にわかりやすくすると、以下のようになります。実際に大きな文字をやや大きくゆったりと読んでみましょう。

① They will be **given school tours** by our **volunteer student guides**, **looking at displays** made by **students**, and **observing classes**.

② Please be sure to give everyone **a warm welcome**!

どうでしょうか。少しコツをつかんできましたか？その調子です！

解答例

Answer ◀)) Track: 24

Hello everyone. Are you ready for this year's annual visiting day at our school this Wednesday? Parents and people from the community will be coming to visit. They will be given school tours by our volunteer student guides, looking at displays made by students, and observing classes. Please be sure to give everyone a warm welcome!

🔽 **日本語訳**

皆さん、こんにちは。今週の水曜日に学校で行われる1年に1回の学校見学会の準備はできていますか？父母や地域の人々が訪れる予定です。ボランティアの学生によるスクールツアー、学生が製作した展示の鑑賞、そして授業見学が行われる予定です。ぜひ皆さんをあたたかくお迎えください！

Speaking

パートA／徹底トレーニング

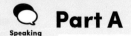

あなたは留学中です。あなたは、校内放送で校内イベントについて案内することになりました。次の英文を声に出して読んでください。

（準備時間30秒／解答時間40秒）

Good morning, everyone. Do you have any plans this Friday after school? The art club is holding their fall exhibition that will be held in the art room on the 2nd floor. The exhibition starts at 4 pm and finishes at 8 o'clock. Admission is free and there will be free drinks. Hope to see you there.

👉 解説

では、解説です。

☑ 「発音・アクセント」は正しく理解できているか

今回の課題文で特に気をつけたい語は以下の通りです。

Listen 😊

音声とともにポイントも確認しましょう。　　🔊 Track: 26

	Point
exhibition	[èksəbíʃ(ə)n] と発音します。「エキシビション」という日本語読みとは違いますね。しっかりと確認です。
admission	発音記号は [ædmíʃ(ə)n] です。「アドミッション」と日本語で発音する場合よりも最初の「ア」などがハッキリとしない音になっていることを音声で確認しましょう。
free	「ふりー」ではなくしっかりと"r"の音を意識してください。こうした「みんなが知っているカタカナ語」ほど普段の発音に対する取り組みが見えてしまいますよ。

☑ 「語尾の上げ下げ」を意識できているか

今回の課題文で語尾の上げ下げを意識すべきなのは、

Do you have any plans this Friday after school?　↑

ですね。今回は**「Yes/Noで答えられる」**疑問文ですから、**語尾は上げる**ことになります。もう大丈夫ですね。

☑ 「意味のまとまり」を意識して読めているか

今回は以下の文を取り上げましょう。

The art club is holding their fall exhibition that will be held in the art room on the 2nd floor.

今回は"that will be held"の部分に着目しましょう。この部分は文

法的に言うと「関係代名詞」のカタマリなのですが、役割としてはその前にある"their fall exhibition"を修飾しています。この部分をしっかりと「まとまり」として意識し、一気に読めると英語らしいリズムが生まれます。**英語らしいリズムであるということはそれだけ「相手にとって聞き取りやすい」ということ**です。では他の部分も含め区切りの確認です。

> The art club is holding their fall exhibition / that will be held / in the art room / on the 2nd floor. //

しっかりできたでしょうか。

☑ 課題文の「伝えるべき内容」を意識できているか

さて、今回は3つの文を取り上げます。よりハッキリと伝えるべき情報はどれでしょうか。

Try! (˙◡˙)　下線を引いてみてください。

① The art club is holding their fall exhibition that will be held in the art room on the 2nd floor.

② The exhibition starts at 4 pm and finishes at 8 o'clock.

③ Admission is free and there will be free drinks.

今回は校内イベントの案内ですね。その場合は**「どんなイベントなのか」**と**「場所と日程」**はしっかりと伝える必要があります。あとは、みんなが来てくれるように**「アピール」**もしておきたいと思うのではないでしょうか。そうすると、

① The art club is holding <u>their fall exhibition</u> that will be held in <u>the art room</u> on <u>the 2nd floor</u>.

② The exhibition <u>starts</u> at <u>4 pm</u> and <u>finishes</u> at <u>8 o'clock</u>.

③ <u>Admission is free</u> and there will be <u>free drinks</u>.

このようになりますね。これらの箇所を**「やや大きくゆったりと」**読みましょう。どうですか、「入場料無料」で「無料の飲み物」がつくならば行ってみたいと思うのではないでしょうか（飲み物に釣

られるのは僕だけかもしれませんね…）。では、視覚的にもわかり
やすくしておきましょう。

① **The art club** is holding **their fall exhibition** that will be held in **the art room** on **the 2nd floor**.
② The exhibition starts at **4 pm** and **finishes at 8 o'clock**.
③ **Admission is free** and there will be **free drinks**.

これでSpeaking Part Aは大丈夫ですね。音読はスピーキングの
様々なタスクの基礎になります。時々ここに戻ってきて練習してく
ださいね。

☞ 解答例

Answer　◀» Track: 27

Good morning, everyone. Do you have any plans this Friday
after school? The art club is holding their fall exhibition that
will be held in the art room on the 2nd floor. The exhibition
starts at 4 pm and finishes at 8 o'clock. Admission is free
and there will be free drinks. Hope to see you there.

⬇ 日本語訳

皆さん、おはようございます。今週金曜日の放課後、何か予定はあります
か？美術部は2階の美術室で行われる秋の展覧会を開催します。展覧会は
午後4時に始まり、8時に終わります。入場料は無料です。無料の飲み物
を用意しています。皆さんにお会いできたらと思います。

DAY 6
Speaking
Part

B

徹底トレーニング

Part B

パートBは、全部で4問あります。与えられた情報をもとに、質問に対して英語で答えてください。はじめに準備時間が10秒あり、そのあと質問が始まります。解答時間はそれぞれ15秒です。

Question 1　🔊 Track: 28

あなたは留学中です。あなたは今、駅でもらったチラシについてホストマザーに話しています。以下のチラシをもとに、質問に英語で答えてください。

（準備時間10秒／解答時間15秒）

💡 解説

では、攻略法で確認した内容をもとに、特に重要なチェックポイントを取り上げ確認していきましょう。**どんなことに気をつけるべきか忘れてしまったらPart Bの攻略法に戻ってくださいね。**さぁ、解説です。

☑ 「図表の性質」／「図表の提示している情報」を把握できているか

今回は"JAZZ NIGHT!!"というイベントに関するチラシが提示されています。そのタイトルの下には"Entrance fee"、つまり入場料に関する情報が、そのさらに下には"Schedule"とあり、出演スケジュールが記載されていることがわかります。右側には場所に関する情報が記載されていることも確認しておきましょう。まずは大まかにこれらの情報を確認しましょう。☆は全部でいくつあるか、イラストの楽器は何種類か、というようなことは問われません。情報の性質をしっかりととらえましょうね。

☑ 「質問の出だし、終わり、動詞」を聞き取れたか

では、問いを確認していきましょう。大事なことは、**「全てが聞き取れる」**ことを基本に据えながら**「①質問の出だし、②終わり、③動詞」**という優先順位で検討する、ということでしたね。その順番で確認しましょう。

> **Q1.** ① Will Mr. Black ③ perform ② at this event? If so, ① when will his performance ② start?
>
> **Q2.** ① I ③ want to go ② with my husband. ① How much will it ③ cost ② for the two of us?

この優先順位で聞き取れていれば良いでしょう。**難しい場合には少なくとも「出だしと終わり」**は漏らさず聞き取りましょう。

Speaking

パートB／徹底トレーニング

089

☑ 「単語で」／「その単語を含んだ文で」回答できたか

では、まずは各質問に「単語で」答えるとしたらどうなるでしょうか。その理由とともに確認しましょう。その上で「文で」回答するならばどうするかも見ていきます。

・「単語で」

> Q1. Will Mr. Black perform at this event? If so, when will his performance start?
> ― Yes. At 7 p.m.

☝チラシの左側下段の"Schedule"の項目にMr. Blackの名前があるので、このイベントに出演することがわかりますね。また、同じ箇所の記載内容から、午後7時からの出演であるとわかるのでそれを答えます。

> Q2. I want to go with my husband. How much will it cost for the two of us?
> ― Thirty dollars.

☝チラシの左側真ん中の"Entrance fee"の箇所に"Adult $15"との記載があるのでこれの2名分を計算すればよいですね。

・「文で」

ここまでは大丈夫でしょうか。では、「文で」の回答方法に進みます。文で答える際にはまずは**ある程度の「定型文」の習得が必要**でしたね。攻略法で解説した**①疑問詞から導く「定型文」**と**②質問文から導く「定型文」**の2つを意識しながら解答例を確認しましょう。

> Q1.　Will Mr. Black perform at this event? If so, when will his performance start?
> 解答例：Yes, he will. His performance will begin at 7 p.m.

最初の質問は「Yes/No」で回答すればよいのでしっかりと答えましょう。もう1つの質問はwhenで聞かれています。そのため**①疑問詞から導く「定型文」**として、

It starts at 7 p.m.

と答えることも可能です。ただし、せっかく"will"がついた未来形のかたちで質問されているのですから、

・It will start at 7 p.m.
・It will begin at 7 p.m.

というように回答してもよいと思います。

次に、2つ目の質問は、

> **Q2. I want to go with my husband. How much will it cost for the two of us?**

というものでした。質問となっている箇所は2文目ですね。疑問詞"how much"ではじまっていますから、**②質問文から導く「定型文」**を上手に使いましょう。質問文の疑問詞を通常の文の語順で配置すると、

It will cost how much.

となることがわかります。この疑問詞部分に解答となるべき情報を入れ、

It will cost $30.

とすればよいことになります。できたでしょうか。なお、解答例では、

> **It'll cost $30 and it includes one drink each.**

と、プラスアルファの情報が足されています。たしかに問いとは関係ありませんが、料金について答える場合に「ワンドリンク無料」であると相手に教えてあげたい、と思う気持ちは非常に自然なもの

ですから、**制限時間内であれば迷わず伝えてしまって構いません。**しっかりと関連する情報を提示しているのですから、高い英語運用能力を示したということで評価されることはあっても、減点されるようなことはないでしょう。**実際に自分が話すとしたら、という意識をしっかりと持って回答すること**が大切です。

☞ 解答例

Answer ◀)) Track: 29

Q1. **Will Mr. Black perform at this event? If so, when will his performance start?**

— Yes, he will. His performance will begin at 7 p.m.

Q2. **I want to go with my husband. How much will it cost for the two of us?**

— It'll cost 30 dollars and it includes one drink each.

◑ 日本語訳

Q1 ブラックさんはこのイベントで演奏しますか？もし演奏するなら、彼の演奏はいつ始まる予定ですか？
—はい、彼は演奏します。演奏は午後 7 時に始まる予定です。

Q2 私は夫と行きたいです。2 人でいくらかかりますか？
—30 ドルかかります。それぞれ 1 杯のドリンク付きです。

Part B

Question 2

🔊 Track: 30

あなたは留学中です。あなたは今、空港で通行人に道を尋ねられました。以下のタブレットに示された地図とバスの運行スケジュールのメモをもとに、質問に英語で答えてください。

(準備時間10秒／解答時間15秒)

☞ 解説

では、解説にはいりましょう。

☑ 「図表の性質」／「図表の提示している情報」を把握できているか

今回は空港で道を尋ねられ、その質問にタブレットに示された情報とバスの運行スケジュールのメモをもとに答えるというものです。タブレットのマップには現在地とバス停の場所が表示されています。またタブレットの上部に現在時刻らしい表示があることにも注目できるとよいでしょう。

☑ 「質問の出だし、終わり、動詞」を聞き取れたか

では、問いを確認します。**「全てが聞き取れる」ことを基本に据えながら「①質問の出だし、②終わり、③動詞」という優先順位**で確認しましょう。

> Q1. ①How ③can I get to ②Terminal 2?
> Q2. ①Do you know when the next bus ②is coming?

この優先順位となりますね。ただ、**今回のように質問が短いとそもそも結局全てが聞けていなければならない**ことが分かりますね。Q2などは"the next bus"が聞こえなくても良いか、と言われると疑問が残るでしょう。このように**まずはしっかりと「全てが聞き取れる」**ことが重要なのです。**「最初だけ聞けばよい」などのような「〇〇だけでよい」という言葉に惑わされず**、しっかりとしたリスニング力を身に付けてくださいね。

☑ 「単語で」／「その単語を含んだ文で」回答できたか

では、「単語で」回答、その後で「文で」回答する例を確認していきましょう。

・「単語で」

> Q1. How can I get to Terminal 2?
> ― By taking the bus.

🖐問いの性質上「単語で」は答えられませんが、方法が問われているのでマップの右上の情報からバスに乗ればよい、と伝えましょう。「どちらのバス停か」まで伝えてあげないと回答としては不十分です。上記の回答はあくまで必要最小限のものということです。

> **Q2. Do you know when the next bus is coming?**
> ― **6 p.m.**

🖐左側の運行スケジュールとタブレット上部の現在時刻を見ると、午後6時に次のバスが来ることが分かります。その時刻を回答することが最低限必要となります。

・「文で」

ここまでは大丈夫でしょうか。では、「文で」の回答方法に進みましょう。今回も①疑問詞から導く「定型文」と②質問文から導く「定型文」の2つを意識しながら解答例を確認しましょう。

> **Q1.　How can I get to Terminal 2?**
> 解答例：**You can take the bus. Please go straight and turn right. You'll see the bus stop to Terminal 2.**

この解答例はとても良いですが、最初の部分は①疑問詞から導く「定型文」と②質問文から導く「定型文」の2つを組み合わせ、

> You can get to Terminal 2 by taking the bus.

と答えることも可能です。①"How ...?"で問われているので"by ..."を使い、②質問文を利用して"You can get to ..."とすればいいわけです。それでもやはり、その後の道案内部分は普段の学習が重要になります。**「定型文」的な発想は重要ですが、それが「万能ではない」**ことも知っておいてください。

次の質問です。2つ目の質問とそれに対する解答例は、

> **Q2.　Do you know when the next bus is coming?**
> 解答例：**Here's the schedule. Now it's 5:45 p.m. so the next bus will come in 15 minutes.**

というものです。②**質問文から導く「定型文」をある程度使い**、

The next bus will come in 15 minutes.

くらいに答えられればよいでしょう。"in 時間"で「（今から）○○後に」の意味になります。解答例中の、

Here's the schedule. Now it's 5:45 p.m. so the next bus will come in 15 minutes.

の下線部はもちろんなくても解答にはなりますが、実際に説明する際にはこれらの情報があるべきでしょう。**常に「実際に話す自分」をイメージしてください。そうしたことの積み重ねが、「試験を通じて英語がちゃんとできるようになる」ためには欠かせません。**

👉 解答例

Answer　　🔊 Track: 31

Q1. How can I get to Terminal 2?
　— You can take the bus. Please go straight and turn right. You'll see the bus stop to Terminal 2.

Q2. Do you know when next bus is coming?
　— Here's the schedule. Now it's 5:45 p.m. so the next bus will come in 15 minutes.

🔽 日本語訳

Q1　ターミナル2にはどのようにして行くことができますか？
　— バスに乗ればよいでしょう。まっすぐ行って右に曲がってください。そうするとターミナル2行きのバス停が見えます。

Q2　次のバスはいつ来るかわかりますか？
　— こちらが時刻表です。今、午後5時45分なので、次のバスは15分後に来るでしょう。

Question 3 🔊 Track: 32

あなたは留学中です。あなたは今、クラスメートと課外活動について話しています。以下のポスターをもとに、質問に英語で答えてください。

（準備時間10秒／解答時間15秒）

👉 解説

はい、解説です。

☑ 「図表の性質」／「図表の提示している情報」を 把握できているか

今回は課外活動のポスターが課題になっています。一番上の大きな タイトルからヨガのレッスンに関する案内だと分かりますね。右側 上部には"BEGINNER CLASS"のスケジュールが、下部には"FEE" とありますから「料金」についての記載があることが分かります。 まずはこのくらいのことが把握できていればよいでしょう。

☑ 「質問の出だし、終わり、動詞」を聞き取れたか

では、問いを確認します。**「全てが聞き取れる」ことを基本に据え ながら「①質問の出だし、②終わり、③動詞」という優先順位**で確 認です。

> Q1. I want to join the beginner class. ①Is there a beginner class on ②Wednesday or Thursday? If there is, ①what time does it ②start?
>
> Q2. ①Unfortunately, I don't have any ②yoga wear. ①How much will it cost to take the class?

このくらい確認できていればよいでしょう。Q1の1文目はポスター にそもそも"BEGINNER CLASS"以外の記載がないためあまり問 題になりませんね。その分、2文目の曜日は聞き逃してしまうと回 答ができません。Q2の1文目については最初の"Unfortunately"と 最後の"yoga wear"が聞こえると「ヨガ用の服がない」ということ が推測できる可能性があります。2文目はしっかりと最初が聞き取 れるようにしましょう。

☑ 「単語で」／「その単語を含んだ文で」回答できたか

では、「単語で」回答、その後「文で」回答する例を確認していき ましょう。

- 「単語で」

> **Q1.** I want to join the beginner class. Is there a beginner class on Wednesday or Thursday? If there is, what time does it start?
> — Wednesdays. 5 p.m.

☝質問が2つあるため、曜日と開始時間をそれぞれ答えましょう。1つ目の問いについては単に"Wednesday"だけでも通じますが、**"Wednesdays"と"s"を付けると「毎週水曜日」の意味になる**ため使えるようにしましょう。水曜の開始時間は午後5時だとスケジュールから読み取り、回答すればよいですね。

> **Q2.** Unfortunately, I don't have any yoga wear. How much will it cost to take the class?
> — Fifteen dollars.

☝ポスター右下にある料金表の1番下の項目が、ヨガ用の服がセットになった料金であることがわかりますね。まずは価格をしっかりと回答できることが重要です。

- 「文で」

では、「文で」の回答方法に進みましょう。今回も①疑問詞から導く**「定型文」**と②質問文から導く**「定型文」**の2つを意識しながら解答例を確認しましょう。

> **Q1.** I want to join the beginner class. Is there a beginner class on Wednesday or Thursday? If there is, what time does it start?
> 解答例：There isn't a beginner class on Thursdays. There is one on Wednesdays and it starts at 5 p.m.

②**質問文から導く「定型文」**を使って、

> There is one on Wednesdays and it starts at 5 p.m.

と答えられていますね。なお**"There is/are"の後ろには原則とし**

て不定の名詞を置く必要がありますので“one”が使えないとしても“a class”や“a lesson”と言うようにしましょう。また、1文目の“There isn't a beginner class on Thursdays.”という点も言及できた方が情報が充実しますね。

次に進みます。2つ目の質問とそれに対する解答例は、

> **Q2.** Unfortunately, I don't have any yoga wear. How much will it cost to take the class?
>
> 解答例：Including the yoga wear rental, it will cost 15 dollars per person.

というものです。②**質問文から導く「定型文」**を使って、

> It will cost 15 dollars.

と答えられていればまずは十分です。ただ、**「…を含めて」を表す“including ...”や「1人あたり」を表す“per person”などはよく使う表現**ですから今回の解答例からしっかりと学習してくださいね。

👉 解答例

Q1. I want to join the beginner class. Is there a beginner class on Wednesday or Thursday? If there is, what time does it start?

— There isn't a beginner class on Thursdays. There is one on Wednesdays and it starts at 5 p.m.

Q2. Unfortunately, I don't have any yoga wear. How much will it cost to take the class?

— Including the yoga wear rental, it will cost 15 dollars per person.

⬇ 日本語訳

Q1 初心者クラスに参加したいのですが、水曜日か木曜日に初心者クラスは開催されていますか？もしあるなら、何時に始まりますか？
　　— 木曜日には初心者クラスは開催されていません。水曜日にあり、午後5時に始まります。

Q2 残念ながら、ヨガ用の服を持っていません。受講にいくらかかりますか？
　　— ヨガ用の服のレンタルを含めて、1人あたり15ドルかかります。

Question 4 🔊 Track: 34

あなたは留学中です。あなたはクラスで遠足の企画の担当として、候補地の自然公園に来ており、今、クラスメートと電話で話しています。以下の地図をもとに、質問に英語で答えてください。

（準備時間10秒／解答時間15秒）

解説

では、Part Bラストの解説です。

☑ 「図表の性質」／「図表の提示している情報」を
把握できているか

今回は自然公園の地図が課題です。一番上に"Nature Park"という大きな表示があり、その下が地図になっていますね。地図の左上にレストランのマーク、右側にはプールのマークでしょうか。右下にはトイレの表示もあります。現在地が示されており、門らしき場所からの所要時間の表示もあるようです。左下には営業時間ですね。しっかりと確認できたでしょうか。

☑ 「質問の出だし、終わり、動詞」を聞き取れたか

では、問いを確認です。**「全てが聞き取れる」ことを基本に据えながら「①質問の出だし、②終わり、③動詞」という優先順位で確認**です。

> Q1. ①When will the park ②close?
> Q2. ①I'm planning to eat lunch at ②a restaurant.
>   ①How long will it ③take to walk ②from the gate to a restaurant?

単語レベルで回答するのであればこのくらい確認できれば大丈夫です。Q1は典型的な「出だしと終わり」が聞ければよいパターンですね。Q2も基本的には同様ですが、最初の文の"I'm planning"は聞き取れなくとも大きな問題はないかもしれません。ただ、後続する情報がどのようなものであるかによってこの部分の価値は変わってくることになりますから、まずはしっかりと聞いておきましょう。とはいえ、**「文で」回答する必要が出てきた場合、結局動詞も含めた問いの全てが聞き取れている必要はある**わけですので、「拾い聞き」のような状態で満足することがないようにしてください。

☑ 「単語で」／「その単語を含んだ文で」回答できたか

では、「単語で」、その後「文で」回答する例を確認しましょう。

・「単語で」

> **Q1. When will the park close?**
> ― 6 p.m. on weekdays. 5 p.m. on weekends.

☝地図の左下に開園時間と閉園時間の表示があります。平日と週末で閉園時間が異なることが分かり今回の回答となるわけです。なお、"weekdays/weekends"と"s"をつけて「毎…」を表しています。

> **Q2. I'm planning to eat lunch at a restaurant. How long will it take to walk from the gate to a restaurant?**
> ― Fifteen minutes.

☝地図の下部分に"the gate"がありますね。その横に示されている所要時間の表示からレストランまでは15分であることが分かります。なお、人は等速で移動するわけではないので、**"About 15 minutes."という方がより自然**です。

・「文で」

では、「文で」の回答方法に進みましょう。今回も**①疑問詞から導く「定型文」**と**②質問文から導く「定型文」**の2つを意識しながら解答例を確認しましょう。

> **Q1.　When will the park close?**
> 解答例：This park closes at 6 p.m. on weekdays, but on weekends, it closes at 5 p.m.

この解答では、**②質問文から導く「定型文」**を使って、

> This park closes at 6 p.m. on weekdays, ...

と答えられていますね。その後に続く文は"but on weekends, it closes at 5 p.m."と"on weekends"が先に置かれていますが、同じ文の繰り返しで、

This park closes at 6 p.m. on weekdays, but it closes at 5 p.m. on weekends.

と表現しても問題ありません。そろそろこのレベルであれば「文で」回答できるようになってきたでしょうか。

次に進みましょう。2つ目の質問とそれに対する解答例は、

> Q2. I'm planning to eat lunch at a restaurant. How long will it take to walk from the gate to a restaurant?
>
> 解答例：On foot, it'll take about 15 minutes from the gate.

というものです。"on foot"は「徒歩で」の意味で押さえておきたい表現ですが、②**質問文から導く「定型文」**を使って、

> It will take about 15 minutes.

と答えられていればまずは十分です。しっかりと完全な文での回答ができるようになってきたでしょうか。海外に留学しても「"full sentence"で！」という指導をよく受けます。**しっかりと文で回答**できるトレーニングをしましょう。

👈 解答例

Answer　🔊 Track: 35

Q1. **When will the park close?**
   — This park closes at 6 p.m. on weekdays, but on weekends, it closes at 5 p.m.

Q2. **I'm planning to eat lunch at a restaurant. How long will it take to walk from the gate to a restaurant?**
   — On foot, it'll take about 15 minutes from the gate.

⬇ 日本語訳

Q1　いつ公園は閉まりますか？
   — この公園は平日は午後6時に閉まりますが、週末は午後5時に閉まります。

Q2　レストランで昼食をとる予定です。門からレストランまでは歩いてどのくらいかかりますか？
   — 徒歩なら門からおおよそ15分程度です。

Q & A

from YUMA MORIYA

お悩みにお答えします！

Q どうしたら模試やテストでの
うっかりミスがなくなりますか。

Answer

試験でのミスの減らし方について書いてみます。大切なことは**根拠を明確にする意識を持つ**ということです。普段の練習の時から常に「その答えにする理由は？」と自分に問い、簡単でもいいから解答の根拠をメモしておく習慣を持つと良いです。**文法ならば**、どの部分を根拠にその問題を解いたのか（小さく「時制」と書いたり、イディオムになっていると思う組み合わせの前置詞までに印をつけたり）が後で分かるようにしましょう。**読解ならば**、内容一致では選んだ記号の横に根拠となる長文中の箇所の行数を記入しておいたり、または本文中に下線を引いておいたりすると良いと思います。

さらに、ここでもうひと頑張りするなら、「正解の根拠」以外に「不正解の根拠（選ばない根拠）」もメモする習慣をつけましょう。こうした学習を続けると本番でのうっかりミスを減らすことができます。また、間違えた場合にも「なぜそれを選んでしまったか」が明確になることでミスの再発を防止できます。

Q 長文が苦手な原因が
国語が苦手だからだとわかりました。

Answer

そうなんです。大学入試は究極的には"言語理解力・情報処理能力・論理判断力"といった日本語でも英語でもどの言語でも共通する能力を試してきます。だから、国語をおろそかにしてはいけないのですね。ここからでも変わります。頑張ってくださいね。

DAY 7
Speaking
Part

徹底トレーニング

Part C

パートCは4コマイラストの問題です。以下に表示された1コマめから4コマめのすべてのイラストについて、ストーリーを英語で話してください。はじめに準備時間が30秒あります。解答時間は1分です。

Question 1 🔊 Track: 36

あなたは、先日ある少年と少女が経験したことを、留学生の友だちに話すことになりました。相手に伝わるように英語で話してください。

（準備時間30秒／解答時間1分）

🖙 解説

さぁ、解説です。攻略法で確認した内容を生かして、特に今回大切なチェックポイントを取り上げ、確認していきましょう。もちろん、うまく取り組めないときには攻略法を見直してくださいね。

☑ 「それぞれのイラストのポイント」／「イラスト間の展開」を把握できているか

では、それぞれのイラストに含まれている情報をいくつか挙げ、そのうち「イラスト間の展開」という観点から見て必要なものを選び出しましょう。情報を選ぶ理由・選ばない理由もあわせて確認です。

> ① ・男の子と女の子がいる
> ・男の子と女の子はバスに乗っている
> →男の子と女の子は挨拶をしている
> →男の子も女の子も制服を着ている
> →女の子はバッグを斜めがけにしている

☝「男の子と女の子がいる」ことにはもちろん触れなくてはいけません。また、今後の展開を考えると「男の子と女の子がバスに乗っている」ことにも触れる必要があります。一方、「制服を着ている」ことや「バッグを斜めがけにしている」ことには触れる必要がないことは分かると思います。では、「男の子と女の子が挨拶をしている」という情報はどうでしょうか。単に「ストーリーを説明する」という設定のみであればその情報を盛り込んでもよいですが、**今回は「先日ある少年と少女が経験したことを、留学生の友だちに話す」という問いの設定**です。この状況では「男の子と女の子がバスに乗ってさ、挨拶したんだけど…」などと説明するのは不自然ですね。それゆえにこの情報は選択しません。

> ② ・鳥がバスの中に入ってくる
> ・2人が驚いている
> →2人はバス車内で立っている
> △・2人は（おそらく）学校に向かっている
> △・2人は（おそらく）車内で会話をしている

☝「鳥がバスの中に入ってくる」という情報は当然必要です。「2

人が驚いている」という情報も2人が鳥に気がついているということを示すためには必要な情報だということになります。「2人が車内で立っている」は展開上無関係な情報なので選択しません。鳥が入ってきた際に2人が何をしていたかに関する情報はあってもなくてもよいですが、「不意の出来事である」ことを示す上では「〇〇をしているときに」と展開することはあり得ますので場合によっては選択してもよいでしょう。

③　・女の子が窓を開けようとしている／開けた
　　△・男の子はどうしようか悩んでいる／困っている
　　　→鳥は車内を飛んでいる
　　　→鳥が出ていく様子はない

✍「女の子が窓を開けようとしている」（または「開けた」）という情報は展開上必要です。鳥が車内にいることは自明ですので「鳥は車内を飛んでいる」という点に言及する必要はありません。また「鳥が出ていく様子はない」というような情報も、この後鳥を逃がすためにさらに工夫するといった展開があるわけではないので選択しません。**「男の子がどうしようか悩んでいる／困っている」という情報はなくともよいですが、問題が存在し女の子がその解決をしようとしているという点を示すことにはなり得ますので触れてもよいでしょう。**

④　・鳥が窓から出ている
　　・男の子と女の子は手を振っている
　　・男の子と女の子は嬉しそうである
　　　→バスは道路を走行中である

✍「鳥が窓から出ている」という情報は当然選ぶべきですが、「男の子と女の子は手を振っている」と「男の子と女の子は嬉しそうである」に関してはどうでしょうか。一見すると不要なようにも思えますが、今回の課題設定は「先日ある少年と少女が経験したことを、留学生の友だちに話す」というものですから、**この話が良い結末で終わったというところまでは話す必要がある**でしょう。そのため、**「ホッとして手を振った」など「うまくいった」ことを示す説明はあった方がよいということになります。**

情報の取捨選択はできたでしょうか。**ストーリー展開上必要な情報であるか**、また**与えられた問いの設定上言及することが自然な情報であるか**、といったことを意識して取り組むようにしましょう。

☑ 適切な「語い」／「文法」を用いることができたか

では表現について確認していきましょう。先ほど見てきた内容から今回の回答に含まれていて欲しいキーとなる表現は以下のようになります。

コマ	回答に入っていて欲しい表現
1	A boy and a girl were riding on a bus.
2	A bird flew into the bus.
3	She tried to open the window. / She opened the window.
4	The bird flew away and they waved their hands.

では、それぞれのポイントを確認です。

1. ①A boy and a girl ②were riding ③on ①a bus.

① 新規情報であるboyとgirl、そしてbusという単数名詞に不定冠詞をつけましょう。

② 描写としてしっかりと"be＋-ing"のかたちを用い、進行形としましょう。また過去時制になっていることも確認してください。

③ 「バスに乗っている」ことを表す場合には前置詞"on"を使いましょう。

2. ④A bird ⑤flew into ⑥the bus.

④ ここでの新規情報であるbirdには不定冠詞をつけましょう。

⑤ "fly into A"で「Aに飛び込む」という意味になります。「中へ」を表す前置詞"into"も確認してください。

⑥ 前のイラストからの連続性を保って"the bus"と定冠詞をつけています。

3. ⑦She ⑧tried to open the window. / ⑦She ⑧opened the window.

⑦ ストーリーの展開上、代名詞sheを使うか、the girlとします。ここでa girlなどとはしないようにしましょう。

⑧ "try to do"で「doしようとする」という意味になります。この場合動作がまだ「完了していない」ことを表します。今回は"opened the window"として「窓を開けた（開け終わった）」と表現しても構いません。

4. ⑨The bird ⑩flew away and ⑪they ⑫waved their hands.

⑨　しっかりとここでも定冠詞を使いましょう。

⑩　"fly away"で「飛び去る」という意味になります。過去形に注意
　　しましょう。

⑪　theyを使うか"the boy and the girl"と書けばストーリー展開が明
　　確に伝わります。

⑫　"wave one's hand"で「手を振る」の意味です。"wave goodbye（さ
　　ようならと手を振る）"という表現もあります。

ポイントを押さえることはできたでしょうか。ストーリー展開を説
明するタスクであるということをもう一度しっかりと思い出してく
ださいね。

解答例

Answer　　　　🔊 Track: 37

A boy and a girl were riding on a bus.

While they were talking, a bird flew into the bus. The boy
and girl were surprised and thought about what to do.

The girl opened one of the windows.

The bird flew out of the window, and the boy and girl smiled
and waved goodbye.

🔽 日本語訳

少年と少女はバスに乗っていました。

彼らが話していると、一羽の鳥がバスの中に飛んで入ってきました。2人
は驚き、何をすべきか考えました。

少女は窓のひとつを開けました。

鳥は窓から飛び去り、彼らは笑って見送りました。

Question 2　🔊 Track: 38

あなたは、先日ある少年と少女が経験したことを、留学生の友だち
に話すことになりました。相手に伝わるように英語で話してくださ
い。

（準備時間30秒／解答時間1分）

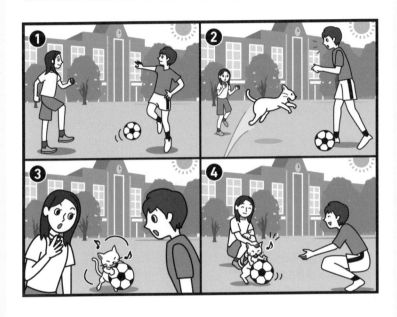

☞ 解説

解説に入ります。今回重要なチェックポイントごとに確認していきましょう。

☑ 「それぞれのイラストのポイント」／「イラスト間の展開」を把握できているか

では、それぞれのイラストに含まれている情報をいくつか挙げ、そのうち「イラスト間の展開」という観点から見て必要なものを選び出します。情報を選ぶ理由・選ばない理由もあわせて確認です。

> ① ・**男の子と女の子がサッカーをしている**
> △・男の子と女の子は校庭にいる
> △・太陽が出ている（晴れている）

☝「男の子と女の子がサッカーをしている」ことにはもちろん触れなくてはいけませんね。今回のストーリーでは「どこでサッカーをしているか」は必ずしも重要ではありませんが、「男の子と女の子がサッカーをしててさ」のみではやや描写が足りないところがありますので、校庭にいることや晴れていること等に言及しても良いと思います。

> ② ・**ネコがあらわれる**
> △・男の子がボールを蹴ろうとしている
> →・女の子はボールを待っている
> →・ネコがとびかかっている

☝このイラストのメインポイントは「ネコがあらわれる」であることは間違いありません。ただ、**ストーリーを展開する上で前の描写を引き継ぐためにも「そうしてサッカーをしているときに」ということを示した方がよりよい説明**になります。この説明の際に女の子に言及するのはもちろん構いませんよ。「ネコがとびかかっている」ことは必要のない情報ですね。

③　・男の子と女の子は驚いている
　　・ネコがボールで遊んでいる

☝このイラストに関してはこの2点くらいしか言及すべき情報があ
りませんね。**前のイラストとの連続性として「ネコがあらわれた→
それに2人は驚いた」という情報は必要**ですし、次のイラストとの
関係で「**ネコがボールで遊んでいる」という情報に言及する必要が
あります**。よって2つとも選択すべき情報です。

④　・ネコがボールで遊んでいる
　△・男の子と女の子はネコを見ている
　△・男の子と女の子は嬉しそうである
　△・男の子は手を伸ばしている

☝「ネコがボールで遊んでいる」という情報は引き続き選ぶべきで
すが、前のイラストと違うのは男の子と女の子がネコのボール遊び
に関与している点でしょう。つまり、「男の子と女の子はネコを見
ている」「男の子と女の子は嬉しそうである」「男の子は手を伸ばし
ている」の**情報をあわせて「一緒に遊んでいる」というくらいに表
現する**必要がありそうです。その手前までの展開とどう変わってい
るのかをしっかりと読み取りましょう。

どうだったでしょうか。繰り返しになりますが、**ストーリー展開上
必要な情報であるか**、また**与えられた問いの設定上言及することが
自然な情報であるか**、という視点をいつも意識しておいてください。

☑ 適切な「語い」／「文法」を用いることができたか

では表現について確認です。表現上のポイントを押さえましょう。

コマ	回答に入っていて欲しい表現
1	A boy and a girl were playing soccer.
2	A cat came.
3	While they were surprised, the cat played with the ball.
4	They played with the cat.

では、それぞれのポイントを確認です。

1. ①A boy and a girl ②were playing soccer.

   ① 新規情報であるboyとgirlに不定冠詞をつけましょう。
   ② 描写としてしっかりと"be＋-ing"のかたちを用い、進行形としましょう。また過去時制になっていることも確認してください。

2. ③A cat ④came.

   ③ ここでの新規情報であるcatには不定冠詞をつけます。
   ④ 「やってきた」という意味で"came"も当然良いですが、「あらわれた」という意味で"appeared"も使えます。

3. ⑤While they were surprised, the cat played with ⑥the ball.

   ⑤ 「…の一方で」という意味で"While ..."を使っています。対比の表現は押さえておきましょう。
   ⑥ ここまでで"a ball"と言及していなくても**「サッカーをしている」という描写から「ボールが存在している」ことは既知の情報になっていますので"the ball"**とします。

4. ⑦They played with ⑧the cat.

   ⑦ ストーリーの展開上、代名詞theyを使っています。何度も"the boy and the girl"を繰り返すのではなく代名詞もしっかりと使いましょう。
   ⑧ 英語では原則として動物は物ですので代名詞itで置き換えることが可能です。そのためネコもitとすることができますが、**この文でthe catと言わずにitとしてしまうと前の文の"the ball"を指しているように伝わります。**そのためここではしっかりと"the cat"と表現する必要があるのです。**代名詞は相手に誤解させることのないように使うのが鉄則です。**

どうだったでしょうか。代名詞の使い方などしっかりと確認しておきましょう。

👉 解答例

Answer 🔊 Track: 39

A girl and a boy were playing soccer near their school on a sunny day.

When the boy tried to kick the ball, suddenly a cat came.

They were surprised by the cat and kept an eye on it while it had fun with the ball.

In the end, they played with the cat and it was a lovely time for them.

⬇ 日本語訳

ある晴れた日に、少女と少年は学校の近くでサッカーをしていました。

少年がボールを蹴ろうとしたとき、突然ネコがやってきました。

彼らはネコに驚き、目が釘付けになりました。その間、ネコはボールで遊んでいました。

結局、彼らはネコと遊び、楽しい時間を過ごしました。

徹底トレーニング

DAY 8
Speaking
Part

Part D

パートDは、あるテーマについて、自分の考えとそう考える理由を述べる問題です。はじめに準備時間が1分あります。解答時間は1分です。

Question 1　　　🔊 Track: 40

あなたは英語の授業で、次のテーマについて発表することになりました。自分の考えを述べ、その理由を詳しく具体的に説明してください。聞いている人に伝わるように話してください。

（準備時間1分／解答時間1分）

Some people insist elderly people shouldn't drive on the public roads. What do you think about this? State your opinion and give at least one reason with an example or an explanation to support your answer.

👉 解説

さぁ、解説です。悩むようならば攻略法へ。でははじめます。

☑ 「問いを正確に理解」できているか

まずは問題文から確認しましょう。

> Some people insist elderly people shouldn't drive on the public roads. What do you think about this? State your opinion and give at least one reason with an example or an explanation to support your answer.

「お年寄りは自動車を運転するべきではないのではないか」ということについて自分の意見を述べることが求められています。「少なくとも理由を1つ」とは書いてありますが、理由は2つくらい挙げる意識があると1分という解答時間を十分使えると思います。

☑ 「自分の意見」を主張できたか／
「意見の理由・理由のサポート」をしっかりと述べられたか

では、1分間の準備時間の頭の中をイメージしながら今回の解答例までつなげていきます。

① **開始〜10秒：問いを正確に理解する**

👆今回の問いは「高齢者の自動車運転」がテーマです。自転車などについては、同様に危険な側面はありますが、テーマには含まれていません。例えば理由として、**単に「買い物に行くのに不便」というような内容を挙げると、自転車があるのだから問題ない、という反論を受けてしまうことがあり得ます。「田舎ではスーパーが遠くにあり不便（だから自転車などでは難しい）」というような理由と**するなど、**問いがしっかりと理解できていることが後の論理展開から明確になるようにしましょう。**

② **10秒〜40秒：「意見を決定する準備」をする**

👆攻略法でも触れましたが、「意見と理由の個数」から考えていくのではなく理由そのものから考えていきましょう。**意見を決定する**

際には「理由がしっかり思いつく方にする」という意識がとても重要なのです。理由が思いつき、その展開が十分できる、という方を自分の立場にします。今回のテーマであれば「お年寄りが運転することを許すべき理由・許すべきではない理由」を考えます。加えて「展開」できるか、つまり、さらに説明できたり例が思いついたりするかも含めて一気に考えましょう。

許すべき理由
・車があると日常生活に便利→田舎などではスーパーが遠くにあり、車がないと生活に非常に不便である
・お年寄りが外に出るきっかけになり健康になる→お年寄りは足腰が弱ってくるため車があれば外出するのが容易になる
・車の安全性能は向上してきている→アクセルとブレーキの踏み間違いなども解決できるようになってきている
・緊急の際に役に立つ→すぐに利用可能な最速の移動手段は自動車である

許すべきではない理由
・交通事故のリスクが高い→年齢が上がるにつれて視覚が衰え、車や歩行者が見えにくくなる
・自動車を持つことはお年寄りの経済的な負担になる→自動車の維持費にお金がかかり、家計の負担となる
・事故を起こした際の補償ができない可能性が高い→年金生活者である場合に被害者に賠償が十分にできない可能性がある

どうでしょうか。多くの人が最初の印象では「お年寄りに運転を許すべきではない」という意見だったと思います。ただ、**こうして書いてみると実は「お年寄りに運転を許すべき」という主張の方が理由も含め展開しやすいことに気づく**と思います。このようにしっかりと**理由を考えてから主張を決定しない**と「話し始めたはいいものの、理由がうまく言えない、展開できない」という状態になります。しっかりと構成をし、「言いやすいかどうか」も十分に検討し、「どちらの立場の方が主張しやすいか」の検討につなげましょう。

③ **40秒〜1分：意見を決定し、論理展開の最終確認をする**
☞今回は皆さんが言いたいけど言いにくそうだと感じる「お年寄りに運転を許すべきではない」という主張に決定することにしましょ

う。それに基づいて最終的に論理を構築していきます。

> **主張**：お年寄りに公道での運転を許すべきではない。
> **理由①**：事故が起こる可能性があるから。
> **サポート①**：いくつかの研究によると年をとると視覚が衰え、車や歩行者
> が見えにくくなるということが証明されている。
> →それが交通事故につながってしまう。
> **理由②**：お年寄りが年金生活者である場合、事故の損失を埋め合わせるこ
> とができない。
> **サポート②**：お年寄り自身が賠償できない場合には事故の被害者が経済的
> に救われるのはほぼ不可能となる。

このくらいの構成ができればよいでしょう。徐々に具体的にする意識、少しずつ情報を足して詳しくしていく意識をもって取り組みましょう。**「論理的に考える」思考習慣をしっかりと身につけていってください。**

☑ 適切な「語い・文法」を用いることができたか

では、構成に基づき論理展開のイメージを順番に示すかたちで解答例を確認です。それぞれの文がどのような役割をもった文なのかも見ていきましょう。もちろん、語いや文法もしっかりチェックです。

> ① I don't think we should allow elderly people to drive.

☝まずはしっかりと主張です。

> ② First, it's likely that there will be traffic accidents.

☝1つめの理由を挙げています。"There is/are"のかたちは「抽象的な存在」を表しますから、しっかりと抽象的に理由が書けていますね。

> ③ In some studies, it's been proven that as we get older, our vision gets worse and we're less able to see cars and people on sidewalks.

☝研究結果によって理由をサポートしています。こうして理由には「証拠」をつけたり、さらに説明を加えたりするようにしましょう。

> ④ That leads to traffic accidents.

✋結果としてどうなるか、に言及しています。これにより理由がサポートとどのようにつながっているかがより明確になり、説得力が増します。

⑤ Second, when elderly people cause a traffic accident, I don't think they will be able to compensate other drivers.

✋2つめの理由を挙げています。whenをつけることにより場合を絞って理由付けをしています。こういった場合には、サポートではさらに具体化する必要があることを意識しましょう。

⑥ If they only have their pension to live on, it will be almost impossible for the victims to receive any money for their troubles.

✋ifで条件を付けることによってさらに対象となる範囲を限定することができ具体化できます。今回は「お年寄り＞年金生活をしているお年寄り」ということです。

⑦ For these two reasons, I don't think we should allow elderly people to drive.

✋最後にまとめます。短い論理展開の場合にはまとめはなくても良いですが、まずはまとめも入れたかたちで練習しておきましょう。ただし、こういったことを過度にパターン化しないようにしてくださいね。

語い・文法	・ **allow A to *do*** : Aに*do*（すること）を許す
	・ **it is likely that ...** : …という可能性がある
	・ **prove O** : Oを証明する
	・ **lead to A** : Aにつながる
	・ **compensate O** : Oに損失を賠償する
	・ **pension** : 年金

しっかりとできたでしょうか。**何のために今何を話しているのかを意識**しましょう。

解答例

Answer 🔊 **Track: 41**

⬇ 解答例1

I don't think we should allow elderly people to drive. First, it's likely that there will be traffic accidents. In some studies, it's been proven that as we get older, our vision gets worse and we're less able to see cars and people on sidewalks. That leads to traffic accidents. Second, when elderly people cause a traffic accident, I don't think they will be able to compensate other drivers. If they only have their pension to live on, it will be almost impossible for the victims to receive any money for their troubles. For these two reasons, I don't think we should allow elderly people to drive.

⬇ 解答例2

I think we should allow elderly people to drive. There are two reasons for this. One reason is that in the countryside, there is limited bus and train service. It is inconvenient to live there without a car. Also there are few supermarkets and convenience stores and they are often far from people's homes. Being able to drive a car is essential if you live in the countryside. The second reason is that these days, some companies have started selling cars that are more likely to reduce risk of accidents. If a person presses the accelerator by mistake, the car will automatically stop. For these two reasons, I think we should allow elderly people to drive.

👉 日本語訳

⬇ 問題文

お年寄りは公道を運転すべきではないと主張する人々もいます。これについてどう思いますか？例や説明を含め、意見と、その根拠となる少なくとも1つの理由を述べなさい。

⬇ 解答例1

私はお年寄りが運転するのを許容すべきだとは思いません。第一に、交通事故が起こりやすくなるからです。いくつかの研究では、年をとるにつれて、目が悪くなり、車や歩道にいる人をとらえることが難しくなることが証明されています。これが交通事故につながるのです。第二に、お年寄りが交通事故を起こした際、その損失を埋め合わせることができないと考えるからです。彼らがもし、生活するための年金しかもっていないのなら、被害者が事故に関して何らかの金銭を受けとることはほぼ不可能です。これらの2つの理由から、私はお年寄りが運転するのを許容すべきだとは思いません。

⬇ 解答例2

私はお年寄りが運転するのを許容すべきだと思います。これについて2つの理由があります。1つめは、田舎ではバスや列車の運行が限られています。そのため、車無しで生活するのがとても不便だということです。また、スーパーマーケットやコンビニは少なく、家から遠いことがよくあります。車を運転できることが田舎では生活するのには不可欠なのです。2つめの理由は、最近、事故のリスクをより減らしうる車を販売し始めている企業もあるということです。あやまってアクセルを踏んでしまったとき、そうした車は自動的にとまるようになっています。これらの2つの理由から、私はお年寄りが運転するのを許容すべきだと思っています。

Question 2 🔊 Track: 42

あなたは英語の授業で、次のテーマについて発表することになりました。自分の考えを述べ、その理由を詳しく具体的に説明してください。聞いている人に伝わるように話してください。

（準備時間1分／解答時間1分）

Some people insist that children should start to learn English from first grade of elementary school. What do you think about this? State your opinion and give at least one reason with an example or an explanation to support your answer.

👉 解説

さぁ、できたでしょうか。解説です。

☑ 「問いを正確に理解」できているか

まずは問題文から確認しましょう。

> Some people insist that children should start to learn English from first grade of elementary school. What do you think about this? State your opinion and give at least one reason with an example or an explanation to support your answer.

「小学1年生から英語の学習を始めるべきか」ということについて自分の意見を述べることが求められています。「少なくとも理由を1つ」とは書いてありますが…そうですね、理由は2つくらい挙げる意識があると1分という解答時間を十分使えるのでしたね。

☑ 「自分の意見」を主張できたか／ 「意見の理由・理由のサポート」をしっかりと述べられたか

では、1分間の準備時間の頭の中をイメージしながら今回の解答例までつなげていきます。

① **開始〜10秒：問いを正確に理解する**

👆今回の問いは「小学1年生からの英語教育の是非」がテーマです。ここでも正確に問いを理解すべきポイントがあります。今回の問いは「公立の小学1年生からの英語教育」に限定しているわけではありませんね。つまり今回の問いには私立小学校も含まれることになります。そのため、例えば理由として、**「より早くから無料で英語の授業が受けられる」**というような内容を挙げると、私立小学校は**無料と言えるのか、という反論が出てき得ます。**「公立小学校での英語教育に賛成か反対か」というような問いの場合にはこの「誰でも（塾などに通うことなく）英語教育が受けられる」という点は賛成の理由として非常に有効です。ただ、今回はもしこの点を理由の1つとして挙げるのであれば、「公立小学校の生徒にとっては早期

から無料で…」というような**丁寧な主張が必要になる**ことを理解しておいてください。

② **10秒〜40秒：「意見を決定する準備」をする**

☞さぁ、意見を決定するためにまずは理由を考えましょう。**理由が思いつき、その展開が十分できる、という方を自分の立場にする**、でしたね。今回のテーマであれば「小学1年生から英語の学習を始めることの良い点・悪い点」を考えます。加えて「展開」できるか、つまり、さらに説明できたり例が思いついたりするかも含めて一気に考えましょう。

良い点
- 英語を学ぶことは子どもの視野を広げる→より多くの子どもが外国に興味を持つようになる
- より長い期間英語を学ぶことができる→小学3年生から英語を学ぶ生徒よりもより多くの知識が得られる
- 早く英語を始める分、中学・高校でその他の科目にもっと時間をかけることができる→中学から難しくなる数学などに時間をかけることができる
- 英語の音に早いうちから慣れることができる→早期の英語学習は発音やリスニングに特に効果的だと言われている

悪い点
- 小学校低学年では生徒は日本語の学習に集中しなくてはならない→日本語は漢字・ひらがな・カタカナと学ぶべきものが多く、これらに加えて英語を学ぶのは困難
- 小学校の早い段階で英語につまずいて苦手意識を持ってしまうかもしれない→苦手意識を持つ期間が長ければ長いほどそれを取り除くのが難しくなる
- 小学校の時間割はすでにいっぱいである→英語を加えると何か他の大事な科目の勉強時間を削ることになる
- 小学校の先生たちは忙しい→英語の適切な教え方を学ぶ十分な時間的余裕がない

どうでしょうか。今回はどちらの立場もある程度理由が思いついたでしょうか。とはいえ、英語教育が小学校で実施されている現状からすると反対意見は思いつきにくいかもしれませんね。ただ、**ここで現状に反対したとしてもその立場をとったことで減点されたりす**

ることはありません。論理的であることが重要なのです。

③ **40秒〜1分：意見を決定し、論理展開の最終確認をする**

🖐今回も皆さんが書きにくいと感じやすい「小学1年生から英語の学習を始めるべきではない」という主張に決定することにしましょう。それに基づいて最終的に論理を構築していきます。

> 主張：小学1年生から英語の学習を始めるべきではない。
> 理由①：小学校低学年では生徒は母語の学習に集中するべきだから。
> サポート①：日本語は漢字・ひらがな・カタカナを用いて書かれている。
> 　　　　　　→そのためそれらに加えて英語を学ぶのは難しい。
> 理由②：先生はすでに他の多くの科目を教えるのでとても忙しい。
> サポート②：これは先生には適切に英語を教える方法を学ぶ十分な時間がないことを意味している。

できたでしょうか。徐々に具体的にする意識、少しずつ情報を足して詳しくしていく意識を持って取り組みましょう。

☑ 適切な「語い・文法」を用いることができたか

最後は構成に基づき論理を重ねていくイメージを持ちながら解答例を確認です。それぞれの文がどのような役割を持った文なのかも見ていきましょう。もちろん、語いや文法もしっかりチェックです。

> ①I don't think that children should start to learn English from first grade.

🖐主張です。理由から考えていれば自信を持ってこの一文を始められますね。

> ②First, in the lower grades of elementary school, students should concentrate on learning their mother language.

🖐"their mother language（母語）"ということばを使っていることに着目してください。ここで「日本語」と言ってしまうよりも抽象度が高い表現になっていますね。

130

③The Japanese language is written using Kanji, Hiragana, and Katakana.

👆前の文で「母語」と述べていますので、この文での「日本語」が
より狭い範囲に該当する表現になっています。つまり具体的になっ
ているということです。

④So, for such young children it's difficult to learn English in addition to these.

👆1つ目の理由がこれでまとまりますね。「日本語は学ぶことが多
いので英語を学ぶ余地はない」というようにまとめてもよいでしょ
う。

⑤Second, teachers are already very busy teaching many other subjects.

👆2つ目の理由として先生の状況に触れています。1つ目の理由で
生徒の問題を理由として使い、2つ目の理由で先生の問題を理由と
して使っているのは視点に変化があり良い展開です。

⑥This means they don't have enough time to learn how to teach English properly.

👆例示をするのではなく前の情報にさらに情報を足すことによって
具体化する展開です。"This means (that) ..."の表現は「掘り下げ
ていくような意識」で話していく際に役立ちます。前の"teachers"
を代名詞"they"で置き換えている点にも着目してください。

⑦For these reasons, I don't think that children should start to learn English from first grade.

👆まとめています。レベルが上がってきたら「最初と最後は同じこ
とを繰り返す」という"パターン"も打ち崩していけるようになりま
すよ。でも、まずはここから、です。

これでPart Dもばっちりですね。不安がある人は繰り返し練習しましょう。同じ問題でも大丈夫です。繰り返していくときには、解答プロセスを身につける意識を常に持ってくださいね。

☞ 解答例

⬇ 解答例1　　　　　　　　　🔊 Track: 43

I don't think that children should start to learn English from first grade. First, in the lower grades of elementary school, students should concentrate on learning their mother language. The Japanese language is written using Kanji, Hiragana, and Katakana. So, for such young children it's difficult to learn English in addition to these. Second, teachers are already very busy teaching many other subjects. This means they don't have enough time to learn how to teach English properly. For these reasons, I don't think that children should start to learn English from first grade.

⬇ 解答例2

I think that children should start to learn English from first grade. I have two reasons. First, in such a global world as today, to learn English from childhood will widen children's view of the world. More children may become interested in foreign countries if they begin to learn English earlier. Second, if children start to learn English, they can learn English for a longer time. This means that they can get more knowledge than the students learning English from third grade. For these reasons, I think that children should start to learn English from first grade.

🖝 日本語訳

⬇ 問題文

子どもたちは小学1年生から英語を勉強し始めるべきだと主張する人々がいます。これについてどう思いますか？例や説明を含め、意見と、その根拠となる少なくとも1つの理由を述べなさい。

⬇ 解答例1

私は子どもたちは小学1年生から英語を勉強し始めるべきだとは思いません。1つ目の理由は、小学校低学年では、生徒たちは母語の学習に集中すべきだということです。日本語は漢字、ひらがな、カタカナを使用して書かれます。ですから、小さな子どもたちにとってこれらに加えて英語を学ぶのは大変なのです。2つ目の理由は先生はすでに他の多くの科目を教えるのにとても忙しいということです。これは先生たちには英語を適切に教える方法を学ぶ十分な時間がないことを意味します。これらの理由から、私は子どもたちが小学1年生から英語を勉強し始めるべきではないと思っています。

⬇ 解答例2

私は子どもたちは小学1年生から英語を学習し始めるべきだと考えています。2つ理由があります。1つ目は、今日のようなグローバルな世界では、子ども時代から英語を学習することが、世界への子どもの視野を広げるだろうからです。より早期に英語を学び始めれば、より多くの子どもが外国に興味をもつようになるかもしれません。2つ目は、子どもたちが早くから英語を勉強し始めるなら、彼らはより長い時間英語を学ぶことができるからです。このことは小学3年生から英語を習う生徒よりも彼らがより多くの知識を得ることができることを意味します。これらの理由から、私は子どもたちが小学1年生から英語を学習し始めるべきだと考えています。

お悩みにお答えします！

Q マーク試験の時間配分を教えてください。

<u>Answer</u>

　基本は得点で時間比率を考えると良いです。例えば制限時間80分／100点満点の試験で、ある問いの得点配分が20点だったとしたら試験時間の20％、つまり16分くらいの時間が使えるイメージということになります。ただ、僕は全体の時間からマイナス5分しておくことを勧めています。これは見直しの時間やマークミスに気づいた際の修正のための時間です。こうしたイメージで一度計算して、出てきた時間配分と自分の得意不得意を勘案して配分を決めるとよいのです。

Q 記述試験で点数がとれません。

<u>Answer</u>

　まず大切なことは、「記述であっても解答の根拠を探すところまではマークと同じ」ということにしっかりと意識を向けることです。マーク式で解答を選択肢の中から選ぶのか、記述式で解答を書くのか、という違いは"解答方法（答えの表現方法）"の違いなだけであり、"思考方法"の違いではないのです。したがって、「その解答に必要な情報はどこに書かれているのか」という視点を持って、解答の根拠部分に下線を引くなど「どこを根拠にその解答をしたのか」が明確になるようにしなくてはいけないのです。"記述式が苦手"という人はマーク式でもそもそも解答の根拠を考える意識が低いことが結構あります。まずは単純な正解・不正解よりもそうした解答の根拠部分が一致しているかに重点を置いて学習してみてください。

DAY 9
Writing
Part

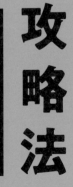

A

攻略法

Part A

Writing

E-mail 問題

E-mail

英文のメールを読み、文中の質問に答えながら返信を書く問題。

パートAってどんな問題？

問題数 **1** 問　解答時間 **5** 分

> あなたは留学中で、国内旅行を予定しています。あなたは旅行
> 会社からメールを受け取りました。返信メールを単語のみでは
> なく、できるだけ文で書きなさい。

From	VIP Travel
To	Kenta
Subject	Your request for a new ticket

Hello,

We received your request to change the date of your ticket. What date would you like to change it to? We offer flights every day at the same time of your first ticket. Please kindly let us know if you have any other requests.
Thank you very much for your cooperation in advance.

Sincerely,
VIP Travel

From	Kenta
To	VIP Travel
Subject	RE: Your request for a new ticket

Hello,

Regards,
Kenta

1つ目の質問への解答

10						October
Sun	Mon	Tue	Wed	Thu	Fri	Sat
	1	2	3	4	5	6
7	8	9	10	11	12	13
14	15	16	17	18	19	20
(21)	22	23	24	25	26	27
28	29	30	31			

2つ目の質問への解答

問題概要

受検者は様々な設定のメールに返信することを求められます。今回は「旅行会社からのメールに答える」ことが求められています。Advancedではやや社会的な状況設定になっています。

課題内容

メールの内容が示され、メールの内容に返信するかたちで問われている内容に回答することが求められます。制限時間は5分ですので、的確に素早く答える必要があります。

136

1.

試験の時に気をつけること

👉「問いの素早い理解」に気をつける

このパートでは5分間に、問いの文章を「読み」返事を「書く」ことが求められます。与えられる文章は60語前後ではあるものの、問いの「読み取り・理解」に時間がかかってしまうと回答する時間がどんどん短くなっていきます。**「答えるべきことは何か」を素早く正確に把握する**ようにしましょう。

👉「問いの要求に応えること」に気をつける

このパートでは相手からのメールに「問い」が2つ含まれています。**この2つに的確に答えることがハイスコアの絶対条件**ですので、しっかりと読み手に明確に伝わるように、2つの問いに返事をしましょう。

👉「もう1文足すこと」に気をつける

制限時間も短く、答えるべき内容も複数あるためについ、「答えだけ箇条書きのように」書いてしまいたくなりますが、それではハイスコアは狙えません。質問に対する回答には必ず理由や説明など**「もう1文足す」**意識を持ちましょう。始まりや終わりも含めて自然なメールとすることが大切です。

以下のことに注意して取り組みましょう！

- ☑ 「問いを正確に理解」できているか
- ☑ 「1つ目の問い」に答えられたか
- ☑ 「2つ目の問い」に答えられたか
- ☑ 「理由・説明」をしっかりと述べられたか
- ☑ 適切な「語い・文法」を用いることができたか

> GTECが制限時間を意識しなくてはならない試験であることが前面に出たPartです。しっかりと時間配分しましょう。

2.

スコアアップの必須 POINT

☞ 書くスピードを上げるには①

今回のようなタスクの場合、「書くのが遅くて間に合わない」という受検者は多いものです。書くスピードの目安というのは一概には言えませんが、概ね**「1センテンス1分以内」**というイメージを持っておくとよいと思います。今回の問題を解く際に、1センテンス1分の目安を超えてしまっているような場合にはこのタスクに臨む基礎トレーニングが足りていないと言えます。ここでは、「書く」ための土台の鍛え方に触れてみます。

多くの学習者が文法学習と英作文学習は「ベツモノ」だと思っているようです。たしかに文法の問題を解いていても英作文が書けるようになるとは思いにくいかもしれません。ただし、それは間違った認識です。まずは学習者が一度は目にしたことがある文法問題がどうライティングにつながっているか確認してみましょう。

> **・4択英文法問題**
> 文法の基本的な力を養成します。問う文法知識をある程度絞ることができるので、学習者も学びやすく、1つ1つの知識を確認しやすいのが特徴です。まずこの問題形式で基礎を作るわけですね。ここでいかに**「なぜそうなるか」**を意識して問題に取り組めるかが大切です。

> **・語句整序問題**
> 語句が与えられている状態で正しい英語の語順にことばを並べる力を鍛えます。この問題の「意図」が理解できていない学習者は多いのですが、**「語句が与えられている状態で英文が作れない人」**は語句を自分で考えて英文を作ることなんてできないわけです。つまり、語句整序問題は英作文の準備をさせてくれる問題だ、ということです。つまり「くっつきそうなものを組み合わせて適当に並べる」というような問題の解き方ではなく、**「なぜここにこの語句がくるのか」**検討しながら語順を確定していく必要があるということです。

> **・和文英訳問題**
> 英作文をしていく際には最終的にある程度**「瞬間的に英文パターンが頭に思い浮かぶ」**ことが必要になってきます。ただ、その手前の段階では「日

本語で書きたいことを考え、それを英語に訳す」ことができる必要があります。また問題によっては「日本語特有の表現をどのような英語で表現することができるか」を学ぶ機会も得られます。つまり、和文英訳問題を単に「覚えた表現を吐き出す」問題として捉えるのではなく、**「どういう構造の文で書けばいいのかを意識し、日本語を分析的に考える」**問題として捉えることが重要です。

このように、文法問題として登場する各出題形式は「書く」ための基礎トレーニングとしての役割を果たしているのです。逆に言えば、**こうした意識がなければ文法学習の意義は半減してしまう**ということです。何のためにこのトレーニングがあるのかをしっかりと意識しながら、普段の学習にも取り組んでいきましょう。

☞ 書くスピードを上げるには②

これと同時にもう1点意識しておくべき観点があります。それは**「英作文の前提は英"借"文である」**ことです。例えば、多くの学習者は

"prevent A from B"＝「AがBするのを妨げる」

と、フレーズ単位で切り分けて覚えてしまいがちです。ではなく、

"The heavy rain prevented us from going shopping."
大雨のせいで私たちは買い物に行くことができなかった。
(直訳：大雨が私たちが買い物に行くのを妨げた。)

という文をしっかりと学び、**この文のどこを取り換えると、例えば「その騒音のせいで生徒たちは集中できなかった。」という文になるかを考えられること**が重要なのです。このように学習した英文の「型」を借りる意識で英文を作成すると間違いの少ない英文が書けるようになり、同時に書くスピードも上がっていきます。自分が「今まで書いたことのない英語」を書くために「今まで学んだことのない英語」を使う必要はありません。**記憶した英文を「生かす」意識を持って英作文に取り組む**ことが重要です。なお、先ほどの日本語ですが、

「その騒音のせいで生徒たちは集中できなかった。」
→ The noise prevented the students from concentrating.

と書けば良いことになります。

攻略法 3. イマスグ POINT・コレカラ POINT

 「正確な読解力」も身につけよう！

「速く読む」ということは現在の大学入試の傾向からすると重要なことです。ただし、そこにばかり目がいき、**「正確に読むこと」がおろそかになってしまっては「速読」は「雑読」となってしまいます。**「ゆっくりやってできないこと」は速くやるともっとできません。普段の読解の授業でも「速さ」だけを追い求めることのないようにしましょう。読解に関しては「速さ」と「正確さ」の二兎を追うことが正しいのです。

 「書く」ことを意識した文法学習をしよう！

今回紹介したように文法問題の各形式にはそれを通じて鍛えたいと出題者が思っている力があります。そしてそれらの力は真っすぐに「書く力」につながっているのです。「早押しクイズ」のように文法問題を反射的に解いていたのではこうした力は身につきにくいものです。**しっかりと目的を意識し、「書く」ための準備にする意識を持って文法学習に取り組んでください。**

 メール・手紙型の出題は様々なところで！

メール・手紙に返信する、または書く、といった自由英作文の出題は昔よりも減った印象はあるものの今でも出題されています。メール・手紙の場合には「最初の書き出しのインデント（他の行よりも少し下げて書くこと）が必要ない」など、意見文とは異なるところもあります。また、**この形式は現在「書く」問題としてだけではなく「読む」問題としても出題が増えています。**メール・手紙の形式になっている情報の読み取り方（メールならば件名にまず目を通す、など）にも慣れておくと今後とても役立ちますよ。

Part A

Writing

例題にトライ！

DAY 9

Writing

パートA／攻略法

Question

あなたは留学中で、国内旅行を予定しています。あなたは旅行会社からメールを受け取りました。返信メールを単語のみではなく、できるだけ文で書きなさい。

From	VIP Travel
To	Kenta
Subject	Your request for a new ticket

Hello,

We received your request to change the date of your ticket. What date would you like to change it to? We offer flights every day at the same time of your first ticket. Please kindly let us know if you have any other requests.
Thank you very much for your cooperation in advance.

Sincerely,
VIP Travel

From	Kenta
To	VIP Travel
Subject	RE: Your request for a new ticket

Hello,

Regards,
Kenta

1つ目の質問への解答

10 October

Sun	Mon	Tue	Wed	Thu	Fri	Sat
	1	2	3	4	5	6 ✈
7	8	9	10	11	12	13
14	15	16	17	18	19	20
(21)	22	23	24	25	26	27
28	29	30	31			

2つ目の質問への解答

☞ 例題の解説

さぁ、解説です。しっかりとできたでしょうか。特に大切なチェックポイントを取り上げ、確認していきましょう。

☑ 「問いを正確に理解」できているか

さて、まずはメールの内容の確認から。

> We received your request to change the date of your ticket. What date would you like to change it to? We offer flights every day at the same time of your first ticket. Please kindly let us know if you have any other requests.
> Thank you very much for your cooperation in advance.

フライトの日程変更の依頼を受けた旅行会社からのメールですね。質問は、

①フライトの日程をいつに変更したいか
②その他に何か要望はあるか

の2つですね。この点にしっかりと答えられることが重要です。

☑ 「問い」に答えられたか／
　　「理由・説明」をしっかりと述べられたか

では、この2つの問いに答えていくことにしましょう。

① フライトの日程をいつに変更したいか

この点についてはイラストでカレンダーが与えられています。6日が都合が悪くなってしまった元の日程で、どうやら21日に変更したいようですね。解答例は、

> I want to change my flight date to October 21st.
> →フライトの日程を10月21日に変更したいです。

と書いています。十分シンプルな内容ですし問題ないでしょう。より丁寧に表現するのであれば、

> I would like to change my flight date to October 21st.

とすることもできます。皆さんよく知っている表現でしょうがグッと丁寧になります。

② **その他に何か要望はあるか**

さて、2点目の質問にも答えましょう。2つ目は「その他に何か要望があるか」でした。イラストで与えられている情報によると「窓側の席を希望」ということのようです。解答例は、

> If possible, I would like a window seat.
> →もし可能であれば窓側の席希望です。

となっています。"If possible, I would ..."と表現することで丁寧に伝えられていますね。

☑ 適切な「語い・文法」を用いることができたか

前の項目内でも何度か触れましたが、ここでは「丁寧さ」を高める表現について確認しましょう。Advancedでは「やや社会的な状況設定」になっています。そのため受検者に求められているのは「対大人」や「対社会」の表現力です。ここでは、そうした**丁寧にするための表現**をいくつか確認しましょう。

> ☐ **Would you ... when you have a chance?**
> →「お手すきの際に…していただけませんか。」という意味。丁寧な依頼の表現になります。"Can you ...?"よりも"Would you ...?"の方がグッと丁寧になります。
> **例) Would you call him when you have a chance?**
> → お手すきの際に彼に電話していただけませんか。

> ☐ **There is a problem with A.**
> →「Aに問題があるようです。」という意味。問題点が何であるか最初に切り出す際に使えます。この後にさらに具体的な状況説明をすると展開しやすくなります。
> **例) There is a problem with the order.**
> → 注文が間違っているようです。

□ **I would really appreciate it if ....**

→「…していただけると、本当にありがたいのですが。」という意味。丁寧な依頼の表現。ifのあとの文は仮定法を用います。ただ、仮定法と言われてもピンとこない人は「過去形にしておく」と覚えておくとよいでしょう。例えば今回の例題のKentaは最初のメールで以下のように伝えた可能性があります。

例）I would really appreciate it if you could change my flight date.

→ 私のフライトの日程を変更していただけると本当にありがたいのですが。

□ **If there are any A, please let me know.**

→「もし何かAがありましたら、お知らせください。」の表現。Aの位置には名詞の複数形が入ります。相手にメールを書いた最後の一言として使えるとグッといい返信になります。

例）If there are any questions, please let me know.

→ もし何か質問がありましたら、お知らせください。

□ **I don't think we should ....**

→「…しない方がいいと思いますが。」の表現。相手の提案を否定するだけではなく、相手に行動を促すためにも使うことができます。日本語では「…ではないと思う」という表現をしますが、英語でthinkは「I don't think that 肯定文."と表現する方がより自然なので、これもあわせて確認してください。

例）I don't think we should do it right now.

→ それを今すぐしない方がいいと思いますが。

どうでしょうか。ビジネス上のやり取りなどは定型的な表現が用いられることが多いためこういった表現は将来皆さんが社会人として英語でメールを送る際にも使うことになります。**「テストのための英語」を超えた英語学習**をしていく意識を持ちましょうね。

☞ 解答例

Answer

Thank you very much for your response. I want to change my flight date to October 21st. And if possible, I would like a window seat.

☞ 日本語訳

⬇ 問題文

差出人	VIPトラベル
宛名	ケンタ
件名	チケットについてのご要望

こんにちは。

チケットの日程変更についてのご要望を拝受しました。何日に変更をご希望でしょうか？あなたが予約されたのと同じ時間に毎日運航しております。他になにかご要望がございましたらお知らせください。
どうぞよろしくお願い致します。

敬具
VIPトラベル

⬇ 解答例

お返事ありがとうございます。フライトの日程ですが、10月21日に変更したいです。また、もし可能なら窓側の席を希望します。

パート A まとめ

- Writing Part Aでは「2つの質問に答える」ことが求められる。問われている内容を正確に理解することが重要。Advancedではやや社会的な状況設定に対応する必要がある。

- 限られた時間の中で「書く」必要があるので、普段の文法学習なども十分生かし、速く正確に書くトレーニングを積んでおく必要がある。

- メール・手紙形式の出題は入試でも頻出。メール・手紙の書き方に慣れておくことは「書く」場面だけでなく「読む」場面でも役に立つ。

Q & A from YUMA MORIYA

Q

**英作文で「内容が稚拙だ」と
コメントされました。対策として何をすればい
いでしょうか。**

<u>Answer</u>

　答案をちゃんと見てみないと何とも言えないところもありますが、
基本的に「稚拙さ」には以下の原因が考えられます。

１．内容の稚拙さ

⇒　理由が「便利だから」とか「体に悪いから」とか「いけない
ことだから」、「こっちの方がより楽しいから」のように極めてシ
ンプルなものや、やや主観的なもの（過度に主観的なものはそも
そもアウト）に限定されている。

⇒　具体例が「私」や「私の友人」など身近な範囲に限定されて
いる。一部、その体験の当事者でなければ理解できないような飛
躍や説明の足りなさがあり、読み手にストレスを感じさせる。

２．表現の稚拙さ

⇒　人称が全般にわたって"I"であったり、「ボクね／ワタシね」
という感じの文になっている。

⇒　形容詞などが"good/bad"ばかりになっている。または「どのよ
うにgoodなのか／どういった面でbadなのか」が表現されていない。

⇒　表現そのものがシンプルなレベルにとどまっていたり全般に
わたって短文で書かれているなど「複雑な文章"も"書ける」とい
うことが採点者に伝わらないか、または「この人はこの英文を書
くので限界なのだな」と採点者に伝えてしまう何かがある。

　そのためのこの本でもあります。頑張って取り組んでみてくだ
さいね。

DAY 10
Writing
Part

B

攻略法

Part B

意見展開問題

Essay writing

身近な社会的テーマに対する自分の意見を記述する問題。

パートBってどんな問題？

| 問題数 **1** 問 | 解答時間 **20** 分 |

あなたは留学先の授業でエッセーを書くことになり、以下のテーマを選びました。このテーマを読んでいない人にも伝わるようにエッセーを書きなさい。

エッセーのテーマ：
「大学生は在学中に就職活動に多くの時間を割くべきではない」という意見について、あなたはどう思いますか。あなたの意見とその理由を書きなさい。

［参考］

問題概要

Basicよりもさらに社会的なテーマに関して自分の意見を述べる問題です。受検者は日本語で与えられる問いに対し意見を主張し、説得力のある文章を書く必要があります。今回は「大学生は在学中に就職活動に多くの時間を割くべきか」について答えることが求められています。

課題内容

テーマに対して自分の意見を、その意見に対する理由などを含め、しっかりと主張することが求められます。制限時間は20分ありますので、十分に構成をし、Speaking Part Dでも練習したような、論理的で説得力のある英文を書く必要があります。

攻略法

1. 試験の時に気をつけること

☞ 「問いを正しく表現する」ことに気をつける

Writing Part Bでは問いが日本語で与えられます。そうすると日本語から英語に訳す際に英語の表現を誤ってしまい、問われた内容と異なることに答えてしまうことが起こり得ます。そのため、「問いを正しく表現する」ということに気をつける必要があるのです。

☞ 「いきなり書き始めない」ように気をつける

この問題のような自由英作文問題を目の前にすると慌ててしまい、すぐにでも書き始めたくなってしまうものです。ただ、その結果、論理的でない文章を書いたり、途中で全く的外れなことを書いていることに気づき、全て消して最初からやり直したりする受検者は非常に多いのです。**しっかりと構成してから書き始めることが重要**です。

☞ 「しっかりと展開する」ように気をつける

Speaking Part Dでも学んだ構成で、充実した論理展開ができている文章は"well developed"と評価されます。今回のパートのように20分程度時間が与えられている場合には概ね100ワード程度は英文を書く必要があります。ひと言何かを書いたらおしまい、というわけにはいきませんから、**しっかりと展開する意識が必要**です。

以下のことに注意して取り組みましょう！

- ☑ 「問いを正しく表現」できているか
- ☑ 「自分の意見」は述べられたか
- ☑ 「理由」をしっかりと述べられたか
- ☑ 「サポート」を述べ「十分な展開」ができたか
- ☑ 適切な「語い・文法」を用いることができたか

今回のような自由英作文は「構成」が何よりも大事。しっかりと「準備して書く」習慣を付けよう！

149

スコアアップの必須 POINT

☞「説得力ある論理展開のための表現」を学ぼう

Speaking Part Dの攻略法の中で論理展開の基本については学習しました。まだ**「抽象と具体」と言われてもピンとこない人は、ここでもう一度見直しておいてくださいね。**さて、ここでは「展開」するための表現を確認してみることにしましょう。こうした表現も上手に使いながら"well developed"な文章を目指しましょう。各表現の注意すべきポイントの他に例文もつけておきますので、しっかりと「英借文」できるように活用してくださいね。

【展開】のための表現

besides	🖉 追加を示す表現。besidesには前置詞の使い方もあるが、今回は副詞としてのbesidesの使い方。学習者はどうしてもalsoを連発しがちになるが、追加の表現でbesidesが使えると表現レベルがグッと上がる。
	例）The experience of living in another country will enable us to broaden our horizons. Besides, being able to speak at least one foreign language will benefit us in the future.
	→ 他の国に住む経験によって私たちは視野を広げることができます。その上、少なくとも1つ外国語が話せることは将来にとって有益です。
SV ... while S'V'	🖉 対比を示す表現。対比をすることで違いを明確にできる。そうするとその後の展開でその「違い」にスポットライトを当てやすくなる。
	例）Some people support the nuclear power generation system, while others oppose it.
	→ 反対する人たちがいる一方で、原子力発電システムに賛同する人たちもいる。

It is essential that	✎提案を示す表現。「…が不可欠だ」という表現は主張する際にも使えるが、「○○するには…が不可欠だ。それゆえに～なのだ。」という主張のサポートの中でも使うことができる。なお、that以下にはshouldが置かれるが、このshouldは省略されることも多い。
	例）It is essential that more time and money should be spent for the protection of the natural environment. → 自然環境を守るためにもっと多くの時間とお金が使われることが不可欠だ。
Certainly, SV .... However, SV	✎譲歩を示す表現。時々「譲歩」ということばは知っていても「なんのために譲歩するのか」を知らない学習者がいるが、譲歩は反論をいったん受けとめ、それを「乗り越える」ことによって、自己の主張をより強化することを目的としている。つまり論理バランスをとりながら自説を強調するための表現である。
	例）Certainly, smartphones are useful in many ways. However, more and more young people find it difficult to concentrate at school because of them. → たしかにスマホは様々な意味で役立つ。しかしながら、スマホが原因で学校で集中しづらいと感じる若者が増えている。

まだまだたくさんありますが、まずはこのくらいにしておきましょう。このように表現を学習する際には単に日本語訳と結びつけて覚えるだけではなく、**「どのような目的で使う表現なのか」**や**「どのようなことばと組み合わせて使う表現なのか」**なども考えながら学習することが大切です。ただし、気をつけてもらいたいのは、**こうした表現は「この表現さえ使えば論理的になる」というものではない**、ということです。学習者の中には構成が不十分なのにこうした表現をただ決まり文句のように使っているだけの人もいます。あくまでも**大切なのは「どう論理を組み上げるか」であって、こうした表現はそれを「より伝わりやすくする」ための道具である**、ということを忘れないようにしてください。

イマスグ POINT・コレカラ POINT

イマスグ 「論理構造をチェックする力」を身につけよう！

構成の大枠ができるようになってきたら、より細かく論理的な文章になっているか「内容」をチェックできる力を身につけましょう。前にも少し触れましたが、「説得力がある」というのは「より多くの人に納得してもらえる」ということです。書いた本人にしか分からない内容や論理展開になっていないか、**「読み手の目線」に立って文章を確認する意識**を持ちましょう。

イマスグ 表現を学習するときには
「その表現の目的」まで意識しよう！

学校で英語の表現を学習する際に「その表現を覚えるのは何のためか」と問われて「テストのため」と答えてしまう学習者は残念ながら多いものです。ことばは「誰かに何かを伝えるためのもの」です。**「この表現はどんなことを伝えるときに使えるのだろう」と考えることが重要**です。意識して学習に取り組むようにしましょう。

コレカラ 様々な「論理展開」を学ぼう！

ここまでで学習してきた「論理展開」は無数にある「良い論理展開」の1つにすぎません。まずは1つの論理展開がしっかりと使いこなせなくてはなりませんが、そこがゴールだとは思わないでください。**様々な表現や様々な良い文章に触れ、より良い書き手になっていくことが大学入試やその先に向けた学習につながる**のです。

次のページの
例題にTRY!

Part B

例題にトライ！

Question

あなたは留学先の授業でエッセーを書くことになり、以下のテーマを選びました。このテーマを読んでいない人にも伝わるようにエッセーを書きなさい。

エッセーのテーマ：
「大学生は在学中に就職活動に多くの時間を割くべきではない」という意見について、あなたはどう思いますか。あなたの意見とその理由を書きなさい。

[参考]

CHECK!

以下のことに注意して取り組みましょう！

- ☐ 「問いを正しく表現」できているか
- ☐ 「自分の意見」は述べられたか
- ☐ 「理由」をしっかりと述べられたか
- ☐ 「サポート」を述べ「十分な展開」ができたか
- ☐ 適切な「語い・文法」を用いることができたか

☞ 例題の解説

さぁ、解説です。しっかりとできたでしょうか。特に大切なチェックポイントを取り上げ、確認していきましょう。

☑ 「問いを正しく表現」できているか／ 「自分の意見」は述べられたか

はい、もちろんここからですね。今回の問いは、

> 「大学生は在学中に就職活動に多くの時間を割くべきではない」という意見について、あなたはどう思いますか。あなたの意見とその理由を書きなさい。

というものでした。Speaking Part Dで学習したように**主張を決定する際には「理由から考える」ことが重要**です。今回も当然そういった思考プロセスを経ているということを前提に意見表明をします。さて、皆さんは今回の答案の書き出しをどのようにしたでしょうか。例えば、

> I agree with this opinion.

と書いたでしょうか。実は**この書き出しでは大問題**です。なぜならば、**この問題の解答条件である「このテーマを読んでいない人にも伝わるようにエッセーを書きなさい。」という条件から外れてしまっているから**です。これでは、テーマを読んでいない人には"this opinion"が何を指しているのか全く分かりませんよね。でも、多くの人がこういった間違いをします。なぜか。それは、自由英作文を過剰に"パターン化"してしまい、**「意見文を書くときにはまずこうやって始めておけばいいんだろ」という安易な考えに陥ってしまうから**です。頭を使わず適当に書き出した1文目で全てが台無し、ということもあることを知ってその安易な考えは改めましょうね。

さて、そうすると「私は大学生は在学中に就職活動に多くの時間を割くべきではないという考えに反対（賛成）です。」というようにしっかりとテーマを主張に組み込んで書き始める必要があります。では「大学生は在学中に就職活動に多くの時間を割くべきではない」

はどのように表現したらいいでしょうか。そのままだとどう書いてよいか悩むかも知れませんが、**「学生は在学中に就職活動（job hunting）に時間を費やすべきではない」と、少し読みかえて**あげると

> Students should not spend time job hunting during the school year.

となります。賛否の表現とあわせてまとめると、

> I agree with the opinion that students should not spend time job hunting during the school year.

となります。しっかりと問題を読み、正しく英語で表現できるようにしましょう。

☑ 「理由」をしっかりと述べられたか／「サポート」を述べ「十分な展開」ができたか

では、「理由→サポート」の展開を追っていくことにしましょう。確認ですが、このパートの制限時間は20分です。**構成に5分**程度時間を割いて、**見直しに3分**とるとしても、10分以上英文を書く時間がある、ということになります。つまり、**「1センテンス1分程度で書く」**という計算（英文を書く際の目安は「1センテンス1分」でしたね）でも10センテンス以上書く時間の余裕があるということですね。なお、10センテンスだと少なくとも**100ワード以上**のボリュームになります（高校生が書く「1センテンス」は平均10〜15ワードくらいです）。100ワード以上の文章を書く場合に、理由を1つだけ挙げてしっかりと展開して、というのはなかなか大変です。**理由は2つくらい書く意識**を持っておくとよいでしょう。

このようなプランに基づき、主張を書く前にしっかりと「構成」をしておく必要があります。繰り返しになりますが、**構成をしないでいきなり文章を書き始めるようなことをしてはいけません**よ。

さて、今回は、

> ① 学生は自分の学習に集中すべきだから
> ② 学生は可能な限りたくさんのことを大学で経験すべきだから

という2つを、就職活動に多くの時間を割くことに反対する理由として挙げることにしましょう。解答例の各理由の展開を見ていきます。

① 学生は自分の学習に集中すべきだから

First, students should concentrate on their studies. <u>University is the place to study and learn.</u> They should find what they want to devote themselves to by studying and learning as much as they can. If they find out what they want to do, then they can look for a company that they can enjoy working for.

論理展開を確認しましょう。まず最初に抽象的に理由を挙げ、そのサポートをしています。第3文目で「学習に集中するべき」という理由を「できる限りたくさんのことを学習し、学ぶことで…するべきです」というかたちで**「学習に集中することが将来にとっては（同じく将来のために行う就職活動よりも）より重要なのだ」という論理展開**をしています。その後、if以下で「そうしたことがしっかりできたなら就職活動をすればよい」とまとめています。よい展開ですね。

さて、この論理展開にとって重要な1文があります。下線が付されている部分を見てください。この文では「大学とは…」と大学の意義を述べていますね。こういった書き方を**「そもそも論」**と言ったりします。**「そもそも大学とは学習し学ぶための場所なのだから、大学生である以上その目的に沿った行動をするべきですよ」と展開**しているわけです。こうした「○○の意義」や「○○の目的」、「○○の役割」に触れる書き方は**社会的なテーマを扱う際には非常に役立つ**ものです。是非普段から考えておくようにしてください。え？考えておくべき候補が欲しいですか？では、ちょっとだけ…

・大学の意義
・労働の意義
・選挙の目的
・教育の目的
・学校の役割

・国家の役割

このくらいは考えておくとよいと思います。もちろん答えは無数に
あります。社会をよく見つめ、調べ、考え、少しずつより良い答え
に近づいていってください。

② **学生は可能な限りたくさんのことを大学で経験すべきだから**

> The second reason is that students should try to experience as many
> things as possible while at university. For example, a friend of mine
> studied abroad as an exchange student. During that time, she not only
> practiced a foreign language, but also became interested in a different
> way of thinking. After coming back to Japan, she joined a multinational
> company.

最初に抽象的に理由を挙げ、その後、友人の話をすることで限定し
て具体化し、しっかりと展開できています。これならば読み手も十
分納得できるはずです。色付けされている部分の主語が前の文から
変わることなく引き継がれ説明が足されていっていることにも着目
できるとよいでしょう。**「主語を揃えて文章を書く意識」**を持つだ
けでも英文の流れや展開はレベルアップします。

どうでしょうか。こうしてしっかりと「何を目的としてどう書いて
いるのか」という点に着目することができると、解答例を見て「単
語の勉強になるなぁ」以上の感想を持つことができるのです。書き
手はどういった意図をもってどういった論理展開をしているのかを
しっかりと考えることのできる人になりましょう。そうした「質の
高い」学習を続けていくとこれから出会うどんな英作文問題にも対
応できるようになりますよ。

解答例

● 解答例1

I agree with the opinion that students should not spend time job hunting during the school year. First, students should concentrate on their studies. University is the place to study and learn. They should find what they want to devote themselves to by studying and learning as much as they can. If they find out what they want to do, then they can look for a company that they can enjoy working for. The second reason is that students should try to experience as many things as possible while at university. For example, a friend of mine studied abroad as an exchange student. During that time, she not only practiced a foreign language, but also became interested in a different way of thinking. After coming back to Japan, she joined a multinational company. For these reasons, I think students shouldn't spend time job hunting during the school year.

● 解答例2

I think that students should spend time job hunting during the school year. There are two reasons. The first reason is that the company they will work for in the future is so important. For example, a friend of mine entered a company without thinking deeply about it. The workplace was good, but unfortunately, the working hours were too long. As a result, he was forced to quit his job. So, I think students should spend a lot of time looking for the right company. The second reason is that students can learn a lot from job hunting. For university students, it's rare to have the opportunity to talk with businesspeople. Through the opportunity of job hunting, students can learn business manners and how to communicate in business situations. For these reasons, I think students should spend time job hunting during the school year.

☞ 日本語訳

● 解答例1

私は学生が在学中に就職活動により多くの時間を割くべきではないという意見に賛成です。1つ目の理由は、学生たちは自分の学習に集中すべきだ

からです。大学は学習し、学ぶ場所です。可能な限り多くのことを学習し学ぶことで自分の打ち込みたいことを見つけるべきです。やりたいことが見つかったならば、楽しんで働くことができる会社を探すのもよいでしょう。2つ目の理由は、学生は大学でできるだけ多くのことを経験しようとすべきだということです。例えば、私の友達は交換留学をしました。その間、彼女は外国語を勉強するだけでなく異なった考え方にも興味をもちました。帰国後、彼女は多国籍企業に入社しました。これらの理由から、私は在学中に学生が就職活動により多くの時間を割くべきではないと思います。

 解答例2

私は学生が在学中に就職活動により多くの時間を割くべきだと考えています。これには2つ理由があります。1つ目の理由は、将来働く会社はとても大事だということです。例えば、私の友人はあまり深く考えずに会社に入りました。職場環境はよかったものの、不幸なことに労働時間がとても長かったのです。結果として彼は仕事を辞めざるをえませんでした。だから私は学生が自分に合った会社探しに多くの時間をかけるべきだと考えています。2つ目の理由は、学生は就職活動から多くを学ぶことができるということです。大学生にとって社会人と話す機会は貴重です。就職活動の機会を通して、学生たちはビジネスマナーやビジネスの場でのコミュニケーションの取り方を学ぶことができます。これらの理由から私は学生が在学中に就職活動により多くの時間を割くべきだと考えます。

Writing

パート B まとめ

- Advanced Writing Part Bでは「社会的テーマ」に答えることが求められる。制限時間も考えるとこれまでよりも一層しっかりとした知識が必要。

- 100ワード以上の文章を書く場合にはいかにしっかりと展開できるかが重要になる。「抽象と具体」の意識をしっかりと持つことが重要。

- 「なぜそういった書き方をしているのか」まで解答例から考えられるような学習を重ねていくことが未来につながることを忘れない。

Q & A
from YUMA MORIYA

お悩みにお答えします！

Q 読解問題で文の内容は大体つかめているのに問題にあんまり正解できません。問題文がちゃんと読めていないのでしょうか。

Answer

　うっかりミスの減らし方でも触れた、**長文読解で根拠を明確にしておくこと（何行目を根拠にしたか等）**が解決策になり得ます。なぜか。それはそうすることで今回の質問のような**「なぜ間違えてしまったのか」**を明確にできるからです。「読める」ことと「解ける」ことは別の問題ですから「解く」ということについて課題を明確にできるような日々の学習が必要になります。

　もう少し詳しく説明すると、

1.授業内で先生に指摘された本文中の根拠（または問題集に書かれている本文中の根拠）は一致しているが答えを間違えた場合

　　（ア）選択肢を読み違えている（単文の構造把握・内容把握の間違い）

　　（イ）設問を読み間違えている（同上）

　ということが分かります。この際、選択する（正解だと考える）理由とともに選択しない（不正解だと考える）理由を問題にメモしておくと、より詳細にどの選択肢を間違えたか（読み違えたか）が分かります。他にも、

2.正解していたが本文中で根拠として指摘した箇所が違う場合

　　→実は理解していたのではなく偶然正解していた可能性がある

　ということに気づくこともできます。こうして間違いを分析することが判断の正確性を高めます。**「原因を特定すること」**が**「課題の克服」**には欠かせないのです。

DAY 11

Writing

Part

徹底トレーニング

Part A

Question 1

あなたは今度アメリカに旅行する予定で、現地のツアー会社とメールでやり取りしています。返信メールを単語のみではなく、できるだけ文で書きなさい。

From	Fantastic Tour Agency
To	Yuta
Subject	Your application for the National Park Tour

Hello,

Thank you very much for choosing our tour! I'd like to clarify the following: Which tour would you like to participate in? Also, will you need to rent any clothing for the walk?
We look forward to receiving your answers soon.

Sincerely,
Fantastic Tour Agency

From	Yuta
To	Fantastic Tour Agency
Subject	RE: Your application for the National Park Tour

Hello,

Thank you,
Yuta

1つ目の質問への解答

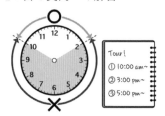

2つ目の質問への解答

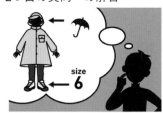

👉 解説

攻略法で確認した内容をもとに、特に重要なチェックポイントを取り上げ確認していきましょう。**どんなことに気をつけるべきか忘れてしまったら攻略法に戻りましょう。**では、解説です。

☑ 「問いを正確に理解」できているか

さて、まずはメールの内容の確認から。

> Thank you very much for choosing our tour! I'd like to clarify the following: Which tour would you like to participate in? Also, will you need to rent any clothing for the walk?
> We look forward to receiving your answers soon.

旅行会社からのツアーに関するメールですね。質問は、

> ①どの時間帯のツアーに参加したいか
> ②ツアーで歩く際、着用物の貸与が必要か

の2つですね。この点にしっかりと答えられることが重要です。

☑ 「問い」に答えられたか／
「理由・説明」をしっかりと述べられたか

では、この2つの問いに答えていくことにしましょう。解答例をみながら解説していきます。

① どの時間帯のツアーに参加したいか

この点については書く際の情報として時計とツアーの時間帯のイラストが与えられていますね。これによると午前10時〜午後2時の時間帯であれば都合がよさそうです。その時間枠で参加可能なツアーは①の午前10時からのものということになります。解答例は、

> I want to participate in your 10 a.m. morning tour.
> → 午前10時のツアーに参加したいです。

と書いていますね。少なくとも「午前中」と言えれば①であること

は伝わります。より丁寧に表現するのであれば、

I would like to participate in your 10 a.m. morning tour.

とすることもできましたね。なお、"participate in *A*"で「*A*に参加する」という意味の表現でしたね。

② **ツアーで歩く際、着用物の貸与が必要か**

さて、2点目の質問にも答えましょう。2つ目は「ツアーで歩く際の着用物の貸与が必要か」でした。イラストで与えられている情報によると「レインコートと靴が借りたい」ということのようです。靴のサイズは6だと表記してありますね。解答例は、

Can I rent shoes? My size is 6. I need to rent a raincoat, too.
→ 靴を借りられますか？私のサイズは6です。レインコートも借りる必要があります。

となっています。回答としては不足ありませんが、ちょっと不躾な感じもしますね。「貸してくれる〜？」と言っているように聞こえてしまうかもしれません。ここは少し「大人な」表現を使って、

I would really appreciate it if I could rent shoes and a raincoat. My shoe size is 6.
→ 靴とレインコートを貸していただけると大変ありがたいのですが。私の靴のサイズは6です。

と言ってもよいでしょう。ものすごく大人ですね。

☑ **適切な「語い・文法」を用いることができたか**

さて、今回のメールの中に、

I'd like to clarify the following: ...

という1文がありましたね。この文の最後に付いている記号はなんでしょうか。ここでは「語い・文法」として、この**「：（コロン）」**について簡単に説明しておきましょう。とはいえ、多くの学習者が小学生くらいの時にコロンには1度出会っていることが多いのです。小学校5年生か6年生くらいで「プロフィール帳」が流行ることが

あります（僕は仕事で小学校にも行きますが、未だに一定期間流行ります）。こうした自己紹介をするような用紙には、

なまえ：
たんじょうび：

というようにコロンが使われていることが多いのです。少し思い出しましたか？この使われ方だとイメージしやすいかもしれませんが、**「：（コロン）」は「ある文の説明や例示を導く」という働き**をします。例えば、

> Yuma has three cars: a Toyota and two Fords.
> → ユウマは車を3台持っている。トヨタ車が1台とフォード車が2台だ。

というように使うことができます。今回の問題に登場した、

> I'd like to clarify the following: Which tour would you like to participate in? Also, will you need to rent any clothing for the walk?

という文もこうしたコロンの使い方をしているということです。こうした文章記号はちょっと使うのに勇気がいりますが、使えるとスッキリ文が書けますからAdvancedレベルでは知っておいてよいでしょう。

☞ 解答例

Answer

Thank you very much for asking. I want to participate in your 10 a.m. morning tour. Also, can I rent shoes? My size is 6. I need to rent a raincoat, too.

☞ 日本語訳

⬇ 問題文

差出人	ファンタスティック旅行会社
宛先	ユウタ
件名	国立公園ツアーへの申し込み

こんにちは。

私たちのツアーを選んでくださり誠にありがとうございます！以下の点を確認させてください。どのツアーに参加されたいですか？また、ウォーキングのためになにか着用物の貸与は必要でしょうか？
ご返信をお待ちしております。

心をこめて。
ファンタスティック旅行会社

⬇ 解答例

ご質問ありがとうございます。まず、午前10時のツアーに参加したいです。また、靴を借りられますか。私のサイズは6です。レインコートも借りる必要があります。

Question 2

あなたはアメリカに留学中です。あなたは、昨日訪れたショッピングモールからメールを受け取りました。返信メールを単語のみではなく、できるだけ文で書きなさい。

From	BE HAPPY Information center
To	Ai
Subject	RE: Question about a forgotten item

Hello,

Thank you very much for contacting us. We understand that you left something in our shopping mall yesterday. Could you kindly tell us the details of the item you left? If we find it, could you come and pick it up or would you like us to send it to you by mail?

Sincerely,
BE HAPPY Information center

From	Ai
To	BE HAPPY Information center
Subject	RE: RE: Question about a forgotten item

Hello,

Thank you,
Ai

1つ目の質問への解答

2つ目の質問への解答

👉 解説

さぁ、解説です。しっかりとできたでしょうか。特に大切なチェックポイントを取り上げ、確認していきましょう。

☑ 「問いを正確に理解」できているか

さて、まずはメールの内容の確認から。

> Thank you very much for contacting us. We understand that you left something in our shopping mall yesterday. Could you kindly tell us the details of the item you left? If we find it, could you come and pick it up or would you like us to send it to you by mail?

忘れ物に関するショッピングモールのインフォメーションセンターからのメールですね。質問は、

> ①忘れた物の詳細
> ②忘れ物が見つかった場合の引き取り方法をどうするか

の2つですね。この点にしっかりと答えられることが重要です。

☑ 「問い」に答えられたか／ 「理由・説明」をしっかりと述べられたか

では、この2つの問いに答えていくことにしましょう。

① 忘れた物の詳細

この点についてはイラストで忘れた物の情報が与えられていますね。忘れてしまったのは花柄の傘のようです。解答例では、

> I left my flower patterned umbrella.
> →花柄の傘を忘れてしまいました。

と書いていますね。"flower patterned"で「花柄の（花の模様のつけられた）」という意味になります。もちろん「花の模様のついた傘」という意味で"with"を使い、

I left my umbrella with a flower design.

と表現することもできます。「置いてきた」という意味で"leave O"を使っていることも確認しておきましょう。

② 忘れ物が見つかった場合の引き取り方法をどうするか

さて、2点目の質問にも答えましょう。2つ目は「忘れ物が見つかった場合の引き取り方法をどうするか」でした。メールでは「直接引き取りにくるか」または「郵便で送るか」という選択肢が与えられています。イラストで与えられている情報によると「郵送を希望」ということのようです。解答例は、

Could you kindly send it to my home if possible?
→もし可能なら家にお送りいただけますか。

となっています。"Could you kindly ... if possible?"とまで表現していますので十分丁寧に書かれていますね。友だちではない人とのやりとりはどのようにしたらよいのか、しっかりと学んでくださいね。

さて、これで必要最低限の情報は伝えていますが、GTECのライティングでは「もう1文足す意識」がとても重要です。解答例にはありませんが解答時間に余裕があったと仮定して、もう1文何が足せるかおまけで考えてみましょう。たとえば「郵送を希望する理由」はどうでしょうか。そうですね、「住んでいるところが実は遠いので送ってほしい」という感じだと自然ですね。

I would like you to send it to my home because my residence is actually far away.
→ 住まいが実は遠いので自宅に送っていただきたいです。

というような表現が可能です。**用件だけではなく自然なメールとなるように書く。** そして、いつも**「主張は理由とワンセット」であることを意識し、制限時間内で可能であれば理由を書く。** この2点はしっかりと心にとめておいてくださいね。

解答例

👉 日本語訳

⬇ 問題文

差出人	ビーハッピー　インフォメーションセンター
宛先	アイ
件名	RE:忘れ物についての質問

こんにちは。

お問い合わせいただきありがとうございます。昨日、私共のショッピングモールにあなたが何かをお忘れになったことと承知しております。お忘れになったものの詳細をお教えいただけますか？もし私共が見つけましたら、お越しいただき引き取っていただけますか？もしくは郵送をご希望でしょうか？

心をこめて。
ビーハッピー　インフォメーションセンター

⬇ 解答例

早々にご返信いただきありがとうございます。私は花柄の傘を忘れました。もし可能なら、家にお送りいただけますか？お手数をおかけしてしまいみません。

徹底トレーニング

DAY 12
Writing
Part

Writing

Part B

あなたは留学先の授業でエッセーを書くことになり、以下のテーマを選びました。このテーマを読んでいない人にも伝わるようにエッセーを書きなさい。

Question 1

エッセーのテーマ：

「近頃の若者はテレビを観ない・テレビに興味を持っていない」という意見があります。この意見について賛成か反対かいずれかの立場を選んで、あなたの意見とその理由を書きなさい。

[参考]

👉 解説

さぁ、解説です。しっかりとできたでしょうか。特に大切なチェックポイントを取り上げ、確認していきましょう。

☑ 「問いを正しく表現」できているか／「自分の意見」は述べられたか

今回の問いは、

> 「近頃の若者はテレビを観ない・テレビに興味を持っていない」という意見があります。この意見について賛成か反対かいずれかの立場を選んで、あなたの意見とその理由を書きなさい。

というものでした。「近頃の若者はテレビを観ない・テレビに興味を持っていない」という意見についてのあなたの考えを述べることが求められています。今回も主張を決定する際には「理由から考える」ことが重要です。その上で、「最近若者がテレビに興味を持っていないのは当然だと思う」と主張することにしましょう。「Aに興味を持つ」は"be interested in A"でいいですね。そうすると、

I think it's natural that young people aren't interested in regular broadcasting television these days.

となります。"regular broadcasting television"は「通常のテレビ放送」という意味ですが、これを即座に書ける人はあまりいないと思います。もちろん、

I think it's natural that young people aren't interested in TV these days.

でも大丈夫です。これで主張は問題ないですね。

☑ 「理由」をしっかりと述べられたか／ 「サポート」を述べ「十分な展開」ができたか

では、「理由→サポート」の展開を追っていくことにしましょう。**「1センテンス1分程度」**、**「理由は2つ目安」**で**「100ワード以上」**でしたね。この意識を持って、主張を書く前にしっかりと「構成」をしておきましょう。繰り返しになりますが、構成をしないでいきなり文章を書き始めるようなことをしてはいけませんよ。

さて、今回は、

> ① テレビは番組の放送時間を確認しなくてはいけないから
> ② テレビを見る以外に若者には様々な娯楽があるから

という2つを、「若者のテレビ離れ」を肯定する理由として挙げることにしましょう。解答例の各理由の展開を見ていきます。

① テレビは番組の放送時間を確認しなくてはいけないから

> The first reason is when we watch TV, we need to check the time when the program we want to watch is on. In the case of Internet channels, it's not necessary to check when something is on. So, many young people think that using Internet channels is more convenient than watching TV.

論理展開を確認しましょう。今回はどのようになっているか分かるでしょうか。最初にテレビを視聴する場合について述べ、次の文でインターネットで視聴する場合について述べていますね。そうです、**「対比」**しているのです。対比をすることによって「違い（ここではインターネット視聴の優位性）」が明確になります。その対比結果を受けて3文目の内容を持ってくることで「だから若者はテレビに興味がないのだ」という主張にしっかりとつながります。これは「テレビ vs インターネット」というように、**対立構造が明確なケースには非常に有効な展開方法**です。しっかりと確認しておきましょう。

② **テレビを見る以外に若者には様々な娯楽があるから**

> The second reason is that instead of watching TV, young people can enjoy a variety of entertainment. For example, they can enjoy playing sports, going to movies with their friends, and chatting via SNS. So, it is only natural for them to spend less time watching TV.

最初に抽象的に理由を挙げ、その後、"a variety of entertainment" を具体化していますね。最後には「だからテレビを見る時間が少なくなるのは当然なのだ」とまとめています。しっかりと展開できていますね。

ただ、せっかくですからもうワンレベルアップしましょう。今回の論理展開は良いのですが、厳密に言うと**「テレビを見る時間が少なくなっている」**ことと**「テレビに興味がない（なくなっている）」**こととの間にどのような関連性があるのか明確ではありません（見る時間が少なくても、テレビに興味があることはあります）。日常会話なら、こうした論理関係をなんとなく「見る時間が少なくなって徐々に関心が薄れていっている、ということだろうな」と「察してしまう」わけです。ただ、**読み手に察してもらう部分が少ない文章ほど評価される**のがエッセーです。ですから、今回の文章でもあと1文足して、より評価されるものにしましょう。たとえば②の最後に、

> The less time you have to work on something, the less interest you have in it.
> →何かに取り組む時間が少なくなればなるほど、それに対する興味が薄くなるのです。

と入れるとどうでしょうか。

> The second reason is that instead of watching TV, young people can enjoy a variety of entertainment. For example, they can enjoy playing sports, going to movies with their friends, and chatting via SNS. So, it is only natural for them to spend less time watching TV. <u>The less time you have to work on something, the less interest you have in it.</u>

この1文が入ることで**「察してもらう部分の少ない文章」**になりま

したね。こういった意識も持てるとよいと思います。なお、最後に
足した文は"You have less time to work on something."と"You
have less interest in it."を「The＋比較級 SV ..., the＋比較級 SV
....」の構文にあてはめたものです。特に最初の"have"は「義務」
を表す"have to *do*"ではありませんからね。分からなかった人、文
法の勉強もしっかりしてくださいね。

👉 解答例

⬇ 解答例1

I think it's natural that young people aren't interested in
regular broadcasting television these days. The first reason
is when we watch TV, we need to check the time when the
program we want to watch is on. In the case of Internet
channels, it's not necessary to check when something is on.
So, many young people think that using Internet channels
is more convenient than watching TV. The second reason is
that instead of watching TV, young people can enjoy a
variety of entertainment. For example, they can enjoy
playing sports, going to movies with their friends, and
chatting via SNS. So, it is only natural for them to spend
less time watching TV. For these reasons, young people just
aren't that interested in TV these days.

⬇ 解答例2

I disagree that young people aren't interested in TV these
days. The first reason is that so many people watch TV
programs by using a streaming service. Actually, my
classmates always watch TV dramas a week later using one
of the many streaming services. So, we cannot say young
people have lost interest in TV. The second reason is that
programs that can only be watched on TV are still popular
among young people. In particular, young people are
interested in sports. In our class, we always talk about
baseball games that we watched on TV. For these reasons, I
don't agree with this opinion.

👉 日本語訳

⬇ 解答例1

私は若者が最近、通常のテレビ放映に興味を持っていないのは当たり前だと思います。1つ目の理由は、テレビを見るとき、私たちは見たいテレビ番組がいつやっているかを確認する必要があるということです。インターネットで視聴する番組の場合は、いつなにをやっているか確認する必要はありません。それゆえに多くの若者はインターネット番組を利用する方がテレビを見るよりも便利だと考えるのです。2つ目の理由は、テレビを見る代わりに若者は色々な娯楽を楽しむことができるということです。例えば、スポーツをしたり、友達と映画にいったり、SNSでおしゃべりしたりして楽しむことができます。ですからテレビを見て過ごす時間が少なくなることは当然のことです。これらの理由から、若者は最近テレビにそれほど興味を持っていないのです。

⬇ 解答例2

私は最近若者がテレビに興味を持っていないという意見に反対です。1つ目の理由はストリーミングサービスを使って多くの人々はテレビ番組を見ているということです。実際私のクラスメート達はいつも、多くのストリーミングサービスのうちの1つを使って、1週間おくれでテレビドラマを見ています。だから若者がテレビに興味を失ったということはできません。2つ目の理由はテレビでしか見ることのできない番組は若者の間でまだ人気であることです。特に若者はスポーツに興味があります。私のクラスでは、テレビで見た野球の試合についていつも話しています。これらの理由から、この意見には反対です。

Part B

Question 2

エッセーのテーマ：

「海外からの移民をもっと日本国内に受け入れるべきだ」という考えについて、あなたはどう思いますか。あなたの意見とその理由を書きなさい。

［参考］

📖 解説

特に大切なチェックポイントを取り上げ、確認していきましょう。

☑ 「問いを正しく表現」できているか／ 「自分の意見」は述べられたか

今回の問いは、

> 「海外からの移民をもっと日本国内に受け入れるべきだ」という考えについて、あなたはどう思いますか。あなたの意見とその理由を書きなさい。

というものでした。「日本への移民をもっと受け入れるべきだ」という意見についてのあなたの考えを述べることが求められています。もちろん「理由から考え」て主張を決定しましょう。昨今の状況からすると「受け入れるべきではない」という主張の方がしにくいと思いますので、今回解説では「海外から移民を受け入れるべきではない」という立場をあえてとることにします。「移民」は"immigrant(s)"ですね。そうすると、

> I do not think we should accept immigrants from foreign countries.

となります。念のため確認ですが、「…ではないと思う」という日本語である場合に"think that 否定文"で書いてしまう人は多いですが、**英語では"do not think that 肯定文"のかたちの方が自然**です。

☑ 「理由」をしっかりと述べられたか／ 「サポート」を述べ「十分な展開」ができたか

では、「理由→サポート」の展開を追っていくことにしましょう。**「1センテンス1分程度」**、**「理由は2つ目安」**で**「100ワード以上」**でしたね。この意識を持って、主張を書く前に**しっかりと「構成」を。****いきなり書かない**、ですね。さて、今回は、

① 移民と日本人との間に摩擦を引き起こす可能性があるから
② 日本人労働者が職を失う可能性があるから

を「日本へのより多くの移民受け入れ」に反対する理由として挙げ

ることにしましょう。解答例の各理由の展開を見ていきます。

① 移民と日本人との間に摩擦を引き起こす可能性があるから

First, accepting more immigrants can cause friction between immigrants and Japanese people. People from foreign countries may have trouble adapting to Japanese ways of doing things or may not even care about them at all. <u>On a subway, I saw a Japanese person getting angry because several non-Japanese people were talking loudly on their phones.</u> If we accept more immigrants, we will have to face more conflicts like this.

論理展開を確認しましょう。今回はまず抽象的に「移民と日本人の間に摩擦が起きる」と述べています。その後で、そうした状況がなぜ起きるのかの説明を加え、そこまでの主張を補強するために地下鉄での自己の経験を挙げています。最後に「このような争いが」と述べることでもう一度抽象化し、まとめています。このように具体化した内容をもう一度抽象化すると展開が非常にきれいになります。**「抽象と具体は繰り返す」**ものであると認識しておいてください。

さて、下線の付してある文について少しだけ触れておきます。この文には"for example"などの表現はありません。しかし、"On a subway, I saw ..."という書き出しで自己の体験を述べているのだと伝わるのではないでしょうか。このようにいわゆる**「ディスコースマーカー」を使わなくてもその文の役割が伝わるような書き方をする**、というのはワンレベルアップの表現方法です。

② 日本人労働者が職を失う可能性があるから

Second, if we accept more immigrants, some Japanese workers may lose their jobs. Some immigrants who come to Japan can speak Japanese well and can work in Japanese companies. Actually, my friend from a foreign country can speak three languages and is working without any problems at a Japanese company. So, if more immigrants like her come to Japan, some Japanese workers may lose their jobs.

最初に抽象的に理由を挙げ、"Some immigrants who ..."と限定することで具体化していますね。その後、自分の友人の話につなげて

さらに具体的にしています。最後にそこまでの具体例を抽象化しまとめているため、言いたいことがしっかりと伝わる論理展開だと思います。**対象となる範囲を狭めていくことが具体化すること**だという感覚は身についてきたでしょうか。論理的な文章が書けるようになるためにはこの感覚が欠かせません。しっかりと身につけましょう。また、今回の解答例のようなやや極端な主張にも触れ、よりバランスの良い、論理性を身につける基礎として欲しいと思います。

Writing

パートB／徹底トレーニング

解答例

⬇ 解答例1

I do not think we should accept immigrants from foreign countries. There are two reasons to support this. First, accepting more immigrants can cause friction between immigrants and Japanese people. People from foreign countries may have trouble adapting to Japanese ways of doing things or may not even care about them at all. On a subway, I saw a Japanese person getting angry because several non-Japanese people were talking loudly on their phones. If we accept more immigrants, we will have to face more conflicts like this. Second, if we accept more immigrants, some Japanese workers may lose their jobs. Some immigrants who come to Japan can speak Japanese well and can work in Japanese companies. Actually, my friend from a foreign country can speak three languages and is working without any problems at a Japanese company. So, if more immigrants like her come to Japan, some Japanese workers may lose their jobs. For these reasons, I am against accepting more immigrants.

⬇ 解答例2

I think it is important to accept more immigrants. There are two reasons. First, Japan needs more workers. Japanese society is aging due to its low birthrate and the number of young people has been decreasing rapidly. The second reason is that Japan should accept a variety of customs and ways of thinking. In the last 10 years, our society has been called a "global society" and accordingly we have been forced to communicate with the world. So, in order to get along with the world, it's important to understand other people's customs. That's why I think it's important to accept more immigrants.

👉 日本語訳

⬇ 解答例1

私は外国から移民を受け入れるべきではないと思います。これに対する2つの理由があります。第一に、より多くの移民を受け入れることは、彼らと日本人との間に摩擦を引き起こす可能性があるからです。海外から来た人たちは日本のやり方に適応するのに苦労していたり、気にしてさえいなかったりするかもしれません。ある時、地下鉄の中で、外国の人たちが電話で大声で話していて、日本人が怒っているのを見たことがあります。もっと移民を受け入れれば、このような争いがより増えることになるでしょう。第二に、より多くの移民を受け入れる場合、日本人労働者が職を失うかもしれないからです。日本にやってくる移民の中には日本語を上手に話せ、日本企業で働くことができる人もいます。実際、外国から来た私の友人は三か国語を話すことができ、ある日本企業で全く問題なく働いています。ですから、彼女のような移民が日本にやってきた場合、日本人労働者の中には職を失う人もいるかもしれないのです。これらの理由から私は移民をより多く受け入れることに反対です。

⬇ 解答例2

私はより多くの移民を受け入れることが重要だと思います。2つ理由があります。1つ目は、日本はより多くの労働者を必要としているということです。日本社会は低い出生率のために高齢化していて、若者の数が急速に減っています。2つ目の理由は、日本は色々な慣習や考え方を受け入れるべきだということです。直近10年で、私たちの社会は「グローバル社会」と呼ばれるようになり、それにしたがって私たちは世界と関わる必要に迫られてきました。ですから、世界とうまくやっていくために、他の人々の習慣を理解することが大事なのです。それゆえ、私はより多くの移民を受け入れることが大切だと思います。

Q & A

from YUMA MORIYA

Q

模試の結果が悪くて
完全に自信を無くしてしまいました…。

Answer

　今で良かった、模試で良かった、とちゃんと冷静に考えることです。できなかったものを振り返って、次への糧とすることです。そうして積み上げていったものが本当の自信です。大切なことは「本番までにしっかりと準備すること」なのであって模試はそのためのツールにすぎません。模試の結果で吹き飛ぶ程度の薄っぺらな自信なんていりません。課題を克服し、ここを乗り越えて、揺るがない自信を身につけるチャンスだと考えてください。挽回できるか、ではなくて、挽回する、のです。そのために何ができるかを考えることが大切ですよ。

Q

模試の点数を上げるには
単語と文法の勉強あるのみですか。
解くスピードが遅くて毎回間に合いません。

Answer

　第1に大切なのは「時間を気にしなければ正解できること」です。時間を気にしない状態でも結局問題が解けないならば、今君が考えている通り、単語と文法が急務です。もちろん読解もできるようにならなくてはいけないのですが、単語と文法がちゃんと入っていないと結局、読解問題の解き方も中途半端になります。

　ともかく**スピードを上げる前提として「ゆっくりならばちゃんと解けること」**が重要です。そこをクリアしてはじめて「速く正確に解く」というステップに進むことができます。その順番を間違えないようにしてくださいね。

DAY 13-14

Writing & Speaking

模擬テスト

Writing

🔊 Track: 44

- このライティングセクションでは解答はすべて英語で書きなさい。
- 問題は、パートAとパートBの2問あります。パートごとに時間が決まっているので、音声に従って進めなさい。前のパートに戻って解答してはいけません。

それでは下の指示を読み、次のページに進んで、パートAの問題を始めなさい。

Part A

- 時間は5分です。
- Eメールを読み、その中の2つの質問すべてに答えるように、適切な内容の返信メールを作成しなさい。相手があなたの書いたメールだけを読んでも内容が理解できるように、単語のみではなく、できるだけ文で書きなさい。
- Eメール内の質問に対しては、イラストで示された内容通りに解答しなさい（イラスト内で「あなた」は影絵で表されています）。

Question

あなたは留学中です。あなたはオンラインショップからメールを受け取りました。返信メールを単語のみではなく、できるだけ文で書きなさい。

From	XYZ Online store
To	Shota
Subject	Your trouble with order No. 1234

Hello,

Thank you very much for contacting us. Can you kindly tell us in detail what the problem was?
We already have a replacement for you. Please tell us what date next week will be convenient for us to send it.
Thank you very much for your understanding. Our sincere apology for the trouble.

Sincerely,
XYZ Online store

From	Shota
To	XYZ Online store
Subject	RE: Your trouble with order No. 1234

Hello,

Thank you,
Shota

次のページにつづく⇒

[1つ目の質問への解答]

Sun	Mon	Tue	Wed	Thu	Fri	Sat
				22	23	(24) Today
25	26	27	28	29	⭐30	31

[2つ目の質問への解答]

音声で指示があるまで次のページに進んではいけません。

Part B

- ・時間は20分です。
- ・自分自身の考えや具体的な経験に基づいて、自由に書きなさい。
- ・制限時間内でできるだけたくさん書きなさい。書かれている文の量が少ない場合は、評価が低くなる可能性があります。
- ・イラストは、具体例を書くための参考です。

Question

あなたは授業の課題でエッセーを書くことになりました。このテーマを読んでいない人にも伝わるようにエッセーを書きなさい。

エッセーのテーマ：

2016年に選挙権年齢が「20歳以上」から「18歳以上」に引き下げられたことについて、「18歳が投票するのは早すぎる」という意見があります。この意見について賛成か反対かいずれかの立場を選んで、あなたの意見とその理由を書きなさい。

［参考］

これでライティングセクションの問題は終わりです。

Speaking （問題数） 8 問

🔊 Track: 45

Part A

パートAは、全部で2問あります。聞いている人に伝わるように、英文を声に出して読んでください。はじめに準備時間が30秒あります。解答時間は40秒です。

Question

No. 1

あなたはインターナショナルスクールの生徒です。あなたは急きょ用事が入ってしまった先生の代わりに、ホームルームで連絡事項をクラスメートに伝えることになりました。次の英文を声に出して読んでください。

（準備時間30秒／解答時間40秒）

Summer vacation is almost here! Are you excited? This year summer break will be from July 28th to August 31st. We'd just like to remind you that the school building will be closed every day during this period. Make sure you bring home everything you need over the break. Have a great summer and see you on September 1st.

No. 2

あなたは留学中です。あなたは、朝の校内放送でイベントについて案内することになりました。次の英文を声に出して読んでください。

(準備時間30秒／解答時間40秒)

Will you be applying to university this year? Today there will be talks by people from various local universities and then they will talk about the application process and open campus dates. This will be a good chance to ask any questions you might have directly to university representatives. Don't miss this chance to find out more about your future opportunities.

Part B

パートBは、全部で4問あります。与えられた情報をもとに、質問に対して英語で答えてください。はじめに準備時間が10秒あり、そのあと質問が始まります。解答時間はそれぞれ15秒です。

Question

No. 1 & No. 2

あなたは留学中です。あなたは、夏休みにホストブラザーと電車で町に行く予定です。あなたは今、駅で掲示板を見ています。電話をかけてきたホストブラザーからの質問に対して、以下の掲示板をもとに、英語で答えてください。

（準備時間10秒／解答時間15秒）

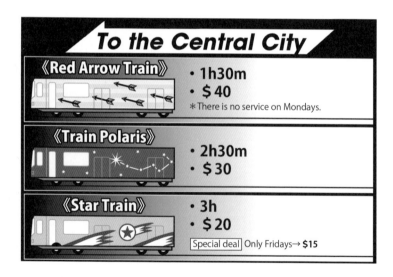

No. 1　音声を聞いて質問に答えてください。

No. 2　音声を聞いて質問に答えてください。

Question

No. 3 & No. 4

あなたはホームステイ中です。あなたは今、天気予報のウェブサイトを見ています。以下に示されたウェブサイトの情報をもとに、ホストマザーからの質問に英語で答えてください。

（準備時間10秒／解答時間15秒）

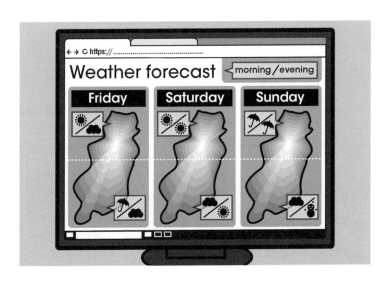

No. 3 音声を聞いて質問に答えてください。

No. 4 音声を聞いて質問に答えてください。

Part C

パートCは4コマイラストの問題です。以下に表示される1コマめから4コマめのすべてのイラストについて、ストーリーを英語で話してください。はじめに準備時間が30秒あります。解答時間は1分です。

Question

あなたは、先日ある母親と息子が経験したことを、留学生の友だちに話すことになりました。相手に伝わるように英語で話してください。

（準備時間30秒／解答時間1分）

194

Part D

パートDは、あるテーマについて、自分の考えとそう考える理由を述べる問題です。はじめに準備時間が1分あります。解答時間は1分です。

Question

あなたは英語の授業で、次のテーマについて発表することになりました。自分の考えを述べ、その理由を詳しく具体的に説明してください。聞いている人に伝わるように話してください。

(準備時間1分／解答時間1分)

These days, some people insist that university education should be free. What do you think about this? State your opinion and give at least one reason with an example or an explanation to support your answer.

これでスピーキングセクションの問題は終わりです。

Writing

Part A

☞ 解説

さぁ、解説です。手順を明確にすることが重要ですよ。

☑ 「問いを正確に理解」できているか

はい、まずはメールの内容の確認からです。

> Thank you very much for contacting us. Can you kindly tell us in detail what the problem was?
> We already have a replacement for you. Please tell us what date next week will be convenient for us to send it.
> Thank you very much for your understanding. Our sincere apology for the trouble.

オンラインショップから謝罪とともにいくつかの質問がされています。質問は、

> ①問題の詳細を教えて欲しい
> ②商品交換に都合の良い日を教えて欲しい

の2つですね。この点にしっかりと答えられることが重要です。

☑ 「問い」に答えられたか／
「理由・説明」をしっかりと述べられたか

では、この2つの問いに答えていくことにしましょう。

① 問題の詳細を教えて欲しい

この質問に関しては書くための情報として、「注文した帽子と違うものが届いた」という状況が与えられています。そのため、

> The problem is that I received a cap with a different design from the one I ordered.
> →問題は私が注文したものとは異なるデザインの帽子が届いたことです。

と答えればいいですね。"be different from A"で「Aと異なる」という表現は知っているかもしれませんが、**今回のように"a different design"というかたちでdifferentを使っている場合でもfromをつけて"a different design from A"と表現できる**ことに着目してください。今回のこのAのところには"the one I ordered"という関係代名詞を用いた表現が置かれています。

② **商品交換に都合の良い日を教えて欲しい**

次の質問に進みましょう。どうやらオンラインショップ側は商品の交換を申し出ているようですね。それに対して、同意した上で都合が良い日を伝える必要があります。答案を書くために30日の金曜日が都合がつくという情報が与えられていますね。そのため、

> I would appreciate it if you could send the replacement to me next Friday.
> →交換品を、来週の金曜日に送っていただけるとありがたいです。

と答えれば良いでしょう。"I would appreciate it if ..."が「…していただけるとありがたいのですが」という意味の表現であることはすでに学んでいますね。しっかりと使えたでしょうか。この表現の中に解答に含めるべき"next Friday"の情報も入っていますね。なお、今回は「来週の都合が良い日」が聞かれていますから、"next Friday"が「30日の金曜日」を指すことは十分伝わります。

☞ 解答例

Answer

Thank you very much for your reply.
The problem is that I received a cap with a different design from the one I ordered. I would appreciate it if you could send the replacement to me next Friday.

☞ 日本語訳

⬇ 問題文

差出人	XYZ オンラインストア
宛先	ショウタ
件名	番号1234のご注文に関するお困りごと

こんにちは。

お問い合わせいただきありがとうございます。問題となっていることの詳細をお教えいただけますか？
あなたの品物を正しいものに交換する準備ができていますので、来週中でお送りするのにご都合の良い日をお教えください。
ご理解いただきありがとうございます。ご迷惑をおかけし、申し訳ございません。

心をこめて。
XYZオンラインストア

⬇ 解答例

お返事くださりありがとうございます。
問題になっているのは、僕が注文したのと違うデザインの帽子が届いたことです。交換品を、来週の金曜日に送っていただけるとありがたいです。

Part B

解説

さぁ、解説です。特に大切なチェックポイントを取り上げ、確認していきましょう。

☑ 「問いを正しく表現」できているか／「自分の意見」は述べられたか

今回の問いは、

> 2016年に選挙権年齢が「20歳以上」から「18歳以上」に引き下げられたことについて、「18歳が投票するのは早すぎる」という意見があります。この意見について賛成か反対かいずれかの立場を選んで、あなたの意見とその理由を書きなさい。

というものでした。今回は「18歳が投票するのは早すぎる」という意見に「反対」と答えるとしましょう。「18歳が投票するのは早すぎる」というのは"It is too early for A to *do*"のかたちで書けますね。そうすると、

> I disagree with the opinion that it is too early for an 18-year-old to vote.
> →私は「18歳が投票するのは早すぎる」という意見に反対です。

と表現すればよいでしょう。

☑ 「理由」をしっかりと述べられたか／「サポート」を述べ「十分な展開」ができたか

では、「理由→サポート」の展開を追っていきます。**「1センテンス1分程度」**、**「理由は2つ目安」**で**「100ワード以上」**でしたね。
さて、今回は、

① 投票権を与えることで若者に社会の一員であるという自覚が生まれるから
② 投票権を与えることは、若者に様々な恩恵をもたらすから

という2つを理由として挙げたということにして、解答例をベースに各理由の展開を見てみましょう。

① **投票権を与えることで若者に社会の一員であるという自覚が生まれるから**

> First, giving young people the right to vote makes them realize that they are part of society. Actually, young people under 20 can vote in so many foreign countries. In these countries, young people actively participate in civil society. If we can vote earlier in life, we are more likely to develop a sense of responsibility for our own society.

最初に抽象的に「社会の一員であるという自覚が生まれる」ということを理由として挙げています。その後にサポートとして諸外国での状況について説明を加えています。そのことによって外国では市民社会に若者が積極的に関わっているとさらに展開していますね。ただ、**これだけではまだ「だから何が良いことなの？」という疑問が残る読み手がいるかもしれません。**そこでさらにもう1文、「自分たちの社会に対して責任感が芽生える」という内容を加え、**投票権を与えることにメリットがある（社会全体にとって良いこと）ということを「察してもらう」範囲が少なくなるようにしていますね。**「自覚が生まれることがどのように良いことであるか」が十分説明され"well developed"だと評価されると思います。

② **投票権を与えることは、若者に様々な恩恵をもたらすから**

> Second, granting the right to vote would benefit young people in many ways. In a democratic country, change is brought about by voting. By giving young people the right to vote, their opinions would be reflected in Japanese policy and their lives would be better. Japan is an aging society, so it's important to give them the chance to participate in politics.

2つ目の理由では最初に「若者にとって恩恵がある」と述べていますので、「良いことがある」という点はちゃんと伝わりますね。その後に置かれている1文が、そうです、**「そもそも論」**です。**「（そもそも）民主主義国家においては…」と述べることで投票権がいか**

に重要なものであるか、それが何を意味するのかを説明しているの
です。この文から「だから若者にとってメリットがある」という点
が伝わる流れをつくっていますね。こうした内容が極端に苦手、と
いう学習者は多いですが、Advancedのテーマは「社会的なテーマ」
なのです。社会から目を背けていては書く内容が見つからず、どれ
だけ英語ができても書けないのです。**伝えることがなければ伝えら
れない**のだということは覚えておいてくださいね。

☞ 解答例

◔ 解答例1

　I disagree with the opinion that it is too early for an
18-year-old to vote. First, giving young people the right to
vote makes them realize that they are part of society.
Actually, young people under 20 can vote in so many foreign
countries. In these countries, young people actively
participate in civil society. If we can vote earlier in life, we
are more likely to develop a sense of responsibility for our
own society. Second, granting the right to vote would benefit
young people in many ways. In a democratic country,
change is brought about by voting. By giving young people
the right to vote, their opinions would be reflected in
Japanese policy and their lives would be better. Japan is an
aging society, so it's important to give them the chance to
participate in politics. For these reasons, I disagree with
this opinion.

◔ 解答例2

　I agree with the opinion that it is too early for an 18-year-
old to vote. There are two reasons. The first reason is that
people aged 18 aren't prepared to vote. People aged 18 are
usually high school or university students in Japan, so they
haven't had the opportunity to learn enough about social
and political issues. It is dangerous to vote without knowing
anything about society and politics. The second reason is
that people are recognized as adults when they turn 20

years old. For example, the drinking age is 20 years old and the smoking age is also 20 so I feel that it's strange that only the age for voting has been lowered. For these reasons, I agree with this opinion.

☞ 日本語訳

⬇ 解答例1

私は18歳が投票するのは早すぎるという意見に反対です。第一に、投票権を与えられることで若者に社会の一員であるという自覚が生まれるからです。実際、20歳未満の若者は多くの外国では投票可能です。これらの国々では、若者が活発に市民社会に参加しています。人生のより早い段階から投票できれば、自分たちの社会に対する責任感が芽生えやすくなるのです。第二に、投票権を与えることは、若者に様々な恩恵をもたらすからです。民主主義国家では変化は投票によって起こされます。投票権を与えることで若者の意見は日本の政策に反映されるようになり、彼らの暮らしはよりよくなるでしょう。日本は高齢化社会です。だから、彼らに政治に参加する機会を与えるのは重要です。これらの理由から、私はこの意見に反対です。

⬇ 解答例2

私は18歳が投票するのは早すぎるという意見に賛成です。2つの理由があります。1つ目の理由は、18歳の人々は投票する準備ができていないということです。18歳の人々は日本ではふつう高校生か大学生なので、彼らは社会や政治的な事柄に対して十分に学ぶ機会を得ていません。しっかりと社会や政治について知らないうちに投票するのは危険です。2つ目の理由は、人々が20歳になれば成人として認められるということです。例えば、飲酒年齢は20歳からですし、喫煙が許されるのも20歳からです。だから、私は投票する年齢だけが下げられるのは不思議に感じます。これらの理由から、私はこの意見に賛成です。

Speaking

Part A – No. 1

☞ 解説

これまで学んだことを意識してできたでしょうか。では、解説です。

☑ 「発音・アクセント」は正しく理解できているか

今回の課題文で特に気をつけたい語は以下の通りです。

Listen 😊

音声とともにポイントも確認しましょう。　　🔊 **Track: 46**

	Point
vacation	「ばけーしょん」と読んでしまいがちですが、発音記号は [veɪkéɪʃən（米国英語）/ vəkéɪʃən（英国英語）] です。しっかり音を聞いて確認してくださいね。
almost	これも多くの学習者がちゃんと読めていない単語のひとつです。発音記号は [ɔ́ːlmoʊst（米国英語）/ ɔ́ːlməʊst（英国英語）] です。音声で確認を。
remind	発音記号は [rɪmáɪnd（米国英語）/ ri:máɪnd（英国英語）] です。発音ももちろんですが「思い出させる」という意味もしっかりと押さえましょう。
closed	こういった"d"がついている単語は最後の音がどうなっているかしっかりと確認しましょう。発音記号は [klóʊzd（米国英語）/ kláʊzd（英国英語）] です。

☑ 「語尾の上げ下げ」を意識できているか

今回の課題文で語尾の上げ下げを特に意識して欲しいのは、

この2つの文です。①は"！"が付いていますが音は上がりません。②は**「相手がYES/NOで回答できる」**疑問文ですから、**語尾は上げる**ことになります。できたでしょうか。

☑️ 「意味のまとまり」を意識して読めているか

今回のポイントは以下の部分です。

Make sure you bring home everything you need over the break.

しっかりと「まとまり」を意識して読めたでしょうか。区切りは以下のようになります。

Make sure / you bring home / everything you need / over the break. //

"everything"は"everything (that) you need"というように関係代名詞による修飾を受けていますので「まとまり」として読めると良いですね。しっかりと対応できたでしょうか。

☑️ 課題文の「伝えるべき内容」を意識できているか

ここで取り上げるのは次の2つの文です。よりハッキリと伝えるべき情報はどれだか意識できたでしょうか。どういった情報をハッキリと伝えるべきか、まだ悩む場合にはこれまでのレッスンに戻りましょう。以下を参考に大きい文字の部分を**「やや大きくゆったりと」**読みましょう。

This year summer break will be from **July 28th** to **August 31st**.

Have a **great** summer and see you on **September 1st**.

準備時間の使い方や読む際の意識をしっかりと確認してください。うまくできなかった場合は必ずこれまでの復習を。

解答例

Answer 🔊 Track: 47

Summer vacation is almost here! Are you excited? This year summer break will be from July 28th to August 31st. We'd just like to remind you that the school building will be closed every day during this period. Make sure you bring home everything you need over the break. Have a great summer and see you on September 1st.

日本語訳

夏休みはもうすぐです！わくわくしていますか？今年の夏休みは7月28日から8月31日までの予定です。みなさんに再度お伝えしたいのは、この期間はずっと学校の建物が閉鎖されるということです。休み期間中に必要なものは全部、家に持って帰るのを忘れないようにしてください。良い夏を、そして、9月1日に会いましょう。

Part A - No. 2

解説

では、次です。

☑ 「発音・アクセント」は正しく理解できているか

今回の課題文で特に気をつけたい語は以下の通りです。

Listen 😊

音声とともにポイントも確認しましょう。 🔊 Track: 48

applying	原形は"apply"です。発音記号は［əplái］です。脱力する「あいまい母音」"ə"を意識してみてください。"-ing"が付くとどのような音になるかも確認しましょう。
various	発音記号は［vé(ə)riəs（米国英語）/ véri:ʌs（英国英語）］です。しっかり音声で確認しましょう。
representative(s)	発音記号は［rèprɪzéntətɪv（米国英語）/ rèprʌzéntʌtɪv（英国英語）］です。名詞で使われると「代表者」を意味します。
opportunity(-ties)	この単語を「おぽちゅにてぃ」と読んでしまう学習者は多いです。発音記号は［àpərt(j)ú:nəti（米国英語）/ ɔpətjú:nəti（英国英語）］です。あえて日本語で書くのであれば「おぽてゅにてぃ」に近い音です。しっかりと発音しましょう。

☑ 「語尾の上げ下げ」を意識できているか

今回の課題文で語尾の上げ下げを特に意識して欲しいのは、

Will you be applying to university this year? ↑

です。**「相手がYES/NOで回答できる」疑問文ですから、語尾は上げる**ことになります。できたでしょうか。

☑ 「意味のまとまり」を意識して読めているか

今回特に取り上げたいのは以下の文です。

This will be a good chance to ask any questions you might have directly to university representatives.

この文はどのような「まとまり」になっているでしょうか。ポイントは、

> This will be a good chance to <u>ask</u> any questions you might have
> <u>directly to university representatives</u>.

となっているということです。つまり、"ask 名詞 to 人"という構造になっているということですね。少し離れた位置にあるto以下がaskとつながっているものであると意識し、少なくとも"you might have"とは切り離すようにすると良いでしょう。そのため今回は、

> This will be a good chance / to ask any questions you might have /
> directly to university representatives. //

という意識で読めると良いということになります。できたでしょうか。

☑ 課題文の「伝えるべき内容」を意識できているか

ここで取り上げるのは次の文です。以下を参考に大きい文字の部分を**「やや大きくゆったりと」**読みましょう。

> Today there will be talks by people from **various local universities** and then they will talk about **the application process** and **open campus dates**.

どうでしょうか。音読のコツ、わかりましたか。これから先の学習で音読をする際にも習ったことをしっかりと意識してくださいね。

Answer 🔊 Track: 49

Will you be applying to university this year? Today there will be talks by people from various local universities and then they will talk about the application process and open campus dates. This will be a good chance to ask any questions you might have directly to university representatives. Don't miss this chance to find out more about your future opportunities.

☞ **日本語訳**

今年、大学に出願する予定ですか？今日は、様々な地元の大学の人たちによる講演会が行われる予定で、その後出願方法やオープンキャンパスの日程についてもお話があります。皆さんの質問を直接大学の代表の方々に聞けるいいチャンスです。この、将来の機会についてより知ることができる機会を逃さないでください。

Part B - No. 1 & 2

☞ **解説**

☑ 「図表の性質」／「図表の提示している情報」を把握できているか

今回は駅の掲示板です。一番上の表示から"Central City"行きの電車の一覧だとわかります。その下には3種類の電車が表示されており、各電車の右側に、これはおそらく「所要時間」と「料金」の表示がありますね。＊がついた「補足説明」の存在にも注意しましょう。

☑ 「質問の出だし、終わり、動詞」を聞き取れたか

では、問いを確認していきましょう。大事なことは、**「全てが聞き取れる」ことを基本に据えながら「①質問の出だし、②終わり、③**

動詞」という優先順位で**検討**する、ということでしたね。その順番で確認です。

> **Q1.** ① On Mondays, which train ③ is ② the fastest to get to the city?
> ① How long does it ② take?
> **Q2.** ① On Fridays, which train ③ is ② the cheapest?
> ① How much does it ② cost?

これらが聞き取れていれば良いでしょう。**難しい場合には少なくとも「出だしと終わり」は漏らさず聞き取ること**が重要です。ただ、あくまで目標は「全て聞き取れる」ことですよ。

☑ 「単語で」／「その単語を含んだ文で」回答できたか

では、まずは各質問に「単語で」、そして「文で」回答するとしたらどうなるか、その理由とともに確認しましょう。

> **Q1. On Mondays, which train is the fastest to get to the city? How long does it take?**
> 「単語で」: Train Polaris. Two hours thirty minutes.
> 「文で」: **Train Polaris is the fastest. It takes 2 hours and 30 minutes.**

☝掲示板の3種類の電車のうち最も速いのはRed Arrow Trainですが、＊で月曜日は運行していない、と書かれているため解答とはなりません。よって2番目に速いTrain Polarisを選び、その情報を答えます。文で答える際には**質問文から導く「定型文」**の意識で答えればよいでしょう。

> **Q2. On Fridays, which train is the cheapest? How much does it cost?**
> 「単語で」: Star Train. Fifteen dollars.
> 「文で」: The cheapest is "Star Train". It costs 15 dollars.

🖐掲示板の右側の表示のうち、それぞれ2行目の情報が「料金」の表示ですね。一番料金が安いのはこの時点で既にThe Star Trainですが、その下に「金曜日は15ドル」と表示があるので、そちらの料金で回答します。文で答える際にはこちらも**質問文から導く「定型文」**の意識で聞いた文を生かし、**疑問詞になっている部分を問われている情報に置き換えて**答えましょう。

しっかりとできたでしょうか。当然ですが、**「話す」と「聞く」はつながっています。**どちらも重要ですからバランスよく取り組みましょう。

☞ 解答例

Answer 🔊 Track: 50

Q1. On Mondays, which train is the fastest to get to the city? How long does it take?
—Train Polaris is the fastest. It takes 2 hours and 30 minutes.

Q2. On Fridays, which train is the cheapest? How much does it cost?
—The cheapest is "Star Train". It costs 15 dollars.

☞ 日本語訳

Q1 月曜運行の列車のうち、町につくのが一番速い列車はどれですか？どのくらいかかりますか？
—列車「ポラリス」が最も速いです。2時間30分かかります。

Q2 金曜日だとどの列車が一番安いですか？いくらかかりますか？
—一番安いのは「スタートレイン」です。15ドルかかります。

Part B - No. 3 & 4

 解説

☑ 「図表の性質」／「図表の提示している情報」を 把握できているか

今回は天気予報のウェブサイトです。一番上にもそのことが示されていますね。タイトルの右側には"morning/evening"とあり、その下の天気予報が「午前／午後」の表示になっていることを示唆していますね。下にはそれぞれ曜日ごとの天気が、エリア別に表示されていることが分かります。**こうした情報の「性質」の把握をすることが重要**だということをもう一度思い出してください。

☑ 「質問の出だし、終わり、動詞」を聞き取れたか

では、問いを確認していきましょう。大事なことは、**「全てが聞き取れる」ことを基本に据えながら「①質問の出だし、②終わり、③動詞」という優先順位で検討**する、ということでしたね。その順番で確認です。

> **Q3.** ①What will the weather ③be like ②in the south part of the island this Saturday?
>
> **Q4.** ①On the weekend, ③is there ②the possibility of snow?

Q3の②は少し長くて大変ですが、少なくとも"south"と"Saturday"が聞こえていると対応可能かもしれませんね。**聞き取れない場合は「自分の口で発音してみる」ことが有効**です。うまく聞き取れなかった人は音声にあわせて発音してみましょう。

☑ 「単語で」／「その単語を含んだ文で」回答できたか

まずは各質問に「単語で」、そして「文で」回答するとしたらどうなるでしょう。その理由とともに確認しましょう。

Q3. What will the weather be like in the south part of the island this Saturday?
「単語で」: Cloudy in the morning. Clear in the evening.
「文で」: It'll be cloudy in the morning, and it'll be clear in the evening.

🖐Saturdayの情報のうち、南側の天気予報を確認します。質問の性質上「単語で」というわけには通常いきませんが、ページ上の情報を"Morning. Cloudy. Evening. Clear."と読み上げるだけならば「単語で」ということにはなります。ただ、"in the morning"や"in the evening"の表現は覚えておきましょう。文で答える際には**「天気を表すit」**を使うことに注意です。なお、"evening"には夕方も含まれますので、今回、"sunny"と回答しても問題はないでしょう。ただ、「雲が無い」ことを表す"clear"は覚えておいてください。

Q4. On the weekend, is there the possibility of snow?
「単語で」: Yes. On Sunday evening.
「文で」: On Sunday evening, there is the possibility of snow in the south part of the island.

🖐「週末」の範囲は曖昧ですが、ページの右下、日曜日の南側に雪マークがあるのでこれを答えましょう。この問題も「単語で」というわけにはなかなかいきませんが、"Yes. Sunday. Evening."と回答すれば伝わらなくはないと思います。ただし、あくまで目標は「文で」答えることです。今回は**質問文から導く「定型文」**の意識で解答するとよいでしょう。

☞ **解答例**

Answer ◀) Track: 51

Q3. **What will the weather be like in the south part of the island this Saturday?**
—It'll be cloudy in the morning, and it'll be clear in the evening.

Q4. **On the weekend, is there the possibility of snow?**
—On Sunday evening, there is the possibility of snow in the south part of the island.

☞ **日本語訳**

Q3 今週土曜日の島の南部の天気はどのようになりますか？
—午前は曇りで、午後には晴れるでしょう。

Q4 週末に雪が降る可能性はありますか？
—日曜日の午後に、島南部で雪が降る可能性があります。

Part C

☞ 解説

解説に入ります。今回重要なチェックポイントごとに確認していきましょう。

☑ 「それぞれのイラストのポイント」／
「イラスト間の展開」を把握できているか

では、今回の課題から「イラスト間の展開」という観点から見て必要な情報を選び出します。情報を選ぶ理由・選ばない理由もあわせて確認しましょう。

> ① ・母親と息子が料理をしている
> → 母親はスープを作っている
> ・息子はニンジンを切っている
> ・息子の携帯電話が鳴っている
> ・息子は友だちと屋外で食事をする予定である
> → ニンジンの横にはタマネギがある

☝ 「母親と息子が料理をしている」こととそれが「息子は友だちと屋外で食事をする予定である」からだということにはあわせて触れなくてはいけません。「屋外で食事をする」ことが遠足なのか、単にピクニックであるのかは今回の展開からは不明ですので自由に創作してかまいません。次のイラストにつなげるために、「息子の携帯電話が鳴っている」ことにも触れましょう。

> ② ・息子が電話をとっている
> ・屋外での食事が悪天候のため中止となる

☝ 前のイラストで鳴っていた電話は「屋外での食事が悪天候のため中止」となったことの連絡だった、ということがポイントですね。電話が誰からであったのか、悪天候を「大雨」と表現するか「天気が悪い」と表現するのかなどは自由でよいでしょう。

> ③ ・息子が落ち込んでいる
> ・母親が何かひらめく

☝ イラスト上から読み取れる情報はこの2つくらいでいいのですが、「母親が何かひらめく」に至るのは、息子から状況を聞いたからでしょうから、**「息子がそのこと（屋外での食事がキャンセルとなったこと）を母親に伝えた」**というような表現をさらに加えて**スムーズな展開ができるようにしましょう。**

④　・息子の友だちが遊びにくる
　　・テーブルの上には息子と母親が作った食事がある
　　・息子は喜んでいる
　　→やってきた友人は男の子と女の子である

☝ 「息子の友だちが遊びにくる」ということには触れる必要がありますね。ただし、前のイラストからの連続性を持たせるにはイラストから推測し**「母親が息子の友だちを呼んだ」**という情報を補う必要があります。最後にストーリーをしっかりとまとめればこれで完成です。

できたでしょうか。**ストーリー展開上必要な情報であるか、また与えられた問いの設定上言及することが自然な情報であるか、**という視点をいつも意識しましょう。

☑ 適切な「語い」／「文法」を用いることができたか

では表現について確認です。表現上のポイントを押さえましょう。

コマ	回答に入っていて欲しい表現
1	While a mother and her son were cooking, the son got a phone call.
2	He heard the school trip was canceled.
3	He consulted with his mother and she got an idea.
4	They enjoyed eating the lunch that was prepared for the school trip.

では、それぞれのポイントを確認です。

1. ① While a mother and her son ② were cooking, the son ② got a phone call.

   ① while を使って「対比」しています。
   ② 「〜している間に〜した」という描写をしっかりと過去進行形と過去形を使い分けて表現しましょう。

2. He heard ③ the school trip ④ was canceled.

   ③ "the school trip"で「遠足」です。覚えておきましょう。
   ④ 「中止になる」は"be canceled"と受動態で表現できます。

3. He ⑤ consulted with his mother and she ⑥ got an idea.

   ⑤ "consult with A"で「Aと相談する」という意味になります。"talk with A"と表現してもよいでしょう。
   ⑥ "get an idea"で「考えを思いつく」という表現です。

4. They enjoyed eating the lunch that ⑦ was prepared for the school trip.

   ⑦ "prepare O"で「Oを用意する」です。ここでは受動態で使われています。

しっかりとポイントを押さえることはできたでしょうか。

 ## 解答例

Answer　　🔊 Track: 52

While a mother and her son were cooking lunch for the school trip in the kitchen, the son got a phone call.
This phone call was from his friend. He found out that the school trip was canceled because of heavy rain.
He was very disappointed. He consulted with his mother and she got an idea.
She invited her son's friends to the house, and they enjoyed eating the lunch that was prepared for the school trip.

🖝 日本語訳

母親と息子が台所で遠足のための昼食を作っていると、息子の電話が鳴りました。

その電話は彼の友人からで、大雨のために遠足が中止になったと彼は知りました。

彼はとてもがっかりして母親に相談すると、母親は考えを思いつきました。

彼女は息子の友人を家に招き、遠足用に準備した昼食をみんなで楽しみました。

Part D

👉 解説

では、解説です。

☑ 「問いを正確に理解」できているか

まずは問題文から確認しましょう。

> These days, some people insist that university education should be free. What do you think about this? State your opinion and give at least one reason with an example or an explanation to support your answer.

「大学を無償化すべきか」について自分の意見を述べることが求められています。「少なくとも理由を1つ」とは書いてありますが理由は2つくらい挙げる意識が必要でしたね。

☑ 「自分の意見」を主張できたか／「意見の理由・理由のサポート」をしっかりと述べられたか

準備時間の1分間を使って構成していきましょう。今回は模擬テストの解説ですから、構成のみを示します。どのように考えていくかをまだしっかりと理解しきれていないという人は復習をしておいてくださいね。

> 主張：大学は無償化すべきだ。
> 理由①：貧しい家庭の学生も平等に大学で学ぶ機会が与えられるべきだから。
> サポート①：現在のところ、貧しい家庭の学生は大学に進学できず高校卒業後働き始めなくてはならない。
> 理由②：これが少子化を食い止めることにつながるかもしれないから。
> サポート②：今日本では子育てにたくさんのお金がかかる。
> 　　　　　　→教育費用もそれに含まれている。
> 　　　　　　→それが原因となって子どもを持つことを諦める家庭もある。

どうだったでしょうか。1分間をいかに有効に使うかがこのパート攻略のカギです。

☑ 適切な「語い・文法」を用いることができたか

最後は解答例を確認です。「主張→理由→サポート」と展開していく意識を持ち、音読しながら自分が今読んでいる箇所がどういった役割を持っているのか考えましょう。語いや文法もしっかりチェックです。

① I agree with the idea that university education should be free.

② The first reason is that even students from poor families should have an equal opportunity to learn at university.

③ At present, some students from poor families are unable to enter university and must start working after graduating from high school. I feel this is unfortunate.

④ The second reason is that this may stop Japan's declining birthrate.

⑤ Now in Japan, it takes too much money to raise a child. The cost of education is certainly included in that money. So, some families give up having a child.

⑥ I think it is one of the biggest causes that have led to Japan's decreasing birthrate.

⑦ For these reasons, I agree with the idea that university education should be free.

語い・文法	・**an equal opportunity to _do_**：_do_する平等な機会 ・**birthrate**：出生率 ・**raise a child**：子どもを育てる ・**give up -ing**：_-ing_を諦める ・**one of A**（複数形）：Aの1つ

どうだったでしょうか。Speaking Part Dで論理を組み立てるトレーニングができているとライティングにも良い影響が出てきます。論理性は思考習慣でもあります。論理を組み上げていくためにはどのような順で物事を考えていけばいいのか、しっかり身につけられるよう繰り返しトレーニングしてください。

解答例

● 解答例1　　　　　　　　　　　　　　🔊 **Track: 53**

I agree with the idea that university education should be free. The first reason is that even students from poor families should have an equal opportunity to learn at university. At present, some students from poor families are unable to enter university and must start working after graduating from high school. I feel this is unfortunate. The second reason is that this may stop Japan's declining birthrate. Now in Japan, it takes too much money to raise a child. The cost of education is certainly included in that money. So, some families give up having a child. I think it is one of the biggest causes that have led to Japan's decreasing birthrate. For these reasons, I agree with the idea that university education should be free.

● 解答例2

I disagree with the idea that university education should be free. I have two reasons to support my idea. The first reason is that it'll make students appreciate the value of money. If students don't have to pay to go to university, they may waste their money on other things such as shopping for clothes and going out often to drink with friends. The second reason is that it's likely that the government would increase taxes in order to achieve this policy. It's possible that the consumption tax would be increased and this could hurt the economy. For these reasons, I disagree with the idea that university education should be free.

☞ 日本語訳

❶ 問題文

最近、大学教育は無償化されるべきだと主張する人々もいます。これについてどう思いますか？例や説明を含め、意見と、その根拠となる少なくとも1つの理由を述べなさい。

❶ 解答例1

私は大学は無償化されるべきだという考えに賛成です。1つ目の理由は、貧しい家庭の学生であっても大学で学ぶ平等な機会を与えられるべきだということです。現在、貧困家庭の学生たちの中には、大学に進学できず高校卒業後働き始めなくてはならない人がいます。私はこれは残念なことだと感じています。2つ目の理由は、このことが日本の少子化を食い止めるかもしれないということです。現在、日本では子どもを育てるのに多くのお金がかかりすぎます。教育費用も当然そのお金に含まれます。そのために子どもを持つことを諦める家庭もあります。私はこれが日本の少子化を招いた大きな原因の1つだと思っています。これらの理由から、私は大学教育を無償化するという考えに賛成です。

❶ 解答例2

私は大学は無償化されるべきだという考えに反対です。こう考える2つの理由があります。1つ目は、学費を払うことによって学生たちがお金の価値を正しく認識することになるからです。学生たちが大学に行くのにお金を払う必要がないのなら、彼らは洋服を買ったり、よく友人たちと飲みにいったりするなど他のことにお金を無駄にすることになるでしょう。2つ目の理由は、政府がこの政策を達成するために税金を増やすだろうということです。消費税が引き上げられ、経済に悪影響を与える可能性があります。これらの理由から、私は大学教育を無償化するという考えには反対です。

おわりに

お疲れ様でした！まずは14日間しっかりとやり切れた自分を褒めてあげてください。GTECを受けなくてはいけないから慌てて取り組んだ14日間だったかもしれませんね。それでいいのです。まずはここまで駆け抜けられた自分をちゃんと評価してあげるべきです。

無駄なこと、なんて実はありません。学校でムリヤリ受けさせられた資格試験も、やり方次第で学校での勉強にも大学入試にもつながるのだ、と今の皆さんなら分かるのではないでしょうか。だとすれば、今ここまでたどり着いた皆さんは確実に、自分の志望校に、将来なりたい自分に、近づいているのです。だから、その人生を変えるかもしれない努力ができたことをちゃんと褒めてあげるべき、なのです。

この本を通じて学んだ視点はこれからの様々な英語学習で役立ちます。少ししたらまたこの本を手にとってパラパラとページをめくってみてください。きっと「あー、これ今やってることとおんなじだ」と思えるところがあるはずです。その瞬間を楽しみに本書はひとまずエンディングを迎えます。

本書を世に出すにあたってKADOKAWAの編集者さんをはじめ、様々な方に大変お世話になりました。筆の遅い私を忍耐強く信じて待ってくださってありがとうございました。

そして、私を「先生」にしてくれた生徒たちに、いつも支えてくれる家族に、心から感謝し本書を終えたいと思います。

If it's to be, it's up to me!

全ては自分次第！

守屋佑真

守屋　佑真（もりや　ゆうま）

　1981年生まれ。河合塾講師。難関国公立・難関私大などトップ層の講義を多数担当。民間英語資格試験の指導にも精通した人気講師。高校2年次に米国Moses Brown Schoolに1年間留学。早稲田大学法学部卒。英検1級。TOEIC対策関連書籍を複数監修。保育士。河合塾マナビスにて英語4技能対策講座のうち、GTEC、英検、TEAP対策担当。

　著書に『CD付 イラストで直感的にわかる 小学英語ワークブック 小学生のうちから学んでおきたい英文法が身につく』（KADOKAWA）がある。

GTEC　2週間でスピーキング・ライティングの力が
面白いほど身につく本 Type-Advanced

2020年8月7日　初版発行

著者／守屋　佑真

発行者／青柳　昌行

発行／株式会社KADOKAWA
〒102-8177　東京都千代田区富士見2-13-3
電話　0570-002-301（ナビダイヤル）

印刷所／株式会社加藤文明社印刷所